侧风环境下道路行车安全与预警系统

胡朋　成英才　韩耀振　著

山东大学出版社

图书在版编目(CIP)数据

侧风环境下道路行车安全与预警系统/胡朋，成英才，韩耀振著. —济南：山东大学出版社，2020.7
ISBN 978-7-5607-6670-6

Ⅰ. ①侧…　Ⅱ. ①胡…　②成…　③韩…　Ⅲ. ①公路运输—行车安全—预警系统　Ⅳ. ①U492.8

中国版本图书馆 CIP 数据核字(2020)第 136927 号

策划编辑　李港
责任编辑　李港
封面设计　王艳

出版发行　山东大学出版社
社　　址　山东省济南市山大南路 20 号
邮政编码　250100
发行热线　(0531)88363008
经　　销　新华书店
印　　刷　山东和平商务有限公司
规　　格　720 毫米×1000 毫米　1/16
　　　　　10 印张　182 千字
版　　次　2020 年 7 月第 1 版
印　　次　2020 年 7 月第 1 次印刷
定　　价　35.00 元

内容提要

随着高大桥梁和偏远地区公路建设的快速发展，侧风环境下的交通安全问题日益凸显。本书综合路线设计几何参数、不同状态下的路（桥）面摩擦系数、路（桥）面平整度及车辆振动效应、车辆几何尺寸等因素进行了综合分析，给出了危险车辆侧滑与侧翻的临界风速，并在此基础上，研发了车辆侧翻与侧滑预警系统。本书共分 7 章。第 1 章主要针对我国目前交通事故现状特征进行了总结，并对涉及影响侧风环境下的交通安全问题的相关领域的研究现状进行了分析。第 2 章结合我国目前的公路路线设计规范，分析了影响交通安全的几何要素。第 3 章主要针对路面不平整引起车辆振动特征进行了分析，利用振动模型和现场试验的方法研究了车辆动荷载均方值。第 4 章采用刹车制动的方法进行了路面摩擦系数的测定，可以真实地反映出车辆行驶过程中真实的摩擦系数。第 5 章对部分情况下的桥梁和路基风速场进行了现场实测或者仿真，全面了解侧风越过路基或者桥梁后的风速场变化规律。第 6 章针对车辆在受到侧风影响后的动态响应进行了计算分析，研究了车辆驶入侧风区和遇到突发侧风两种情况下的车辆动态响应规律，并综合多种因素计算了车辆侧滑和侧翻的临界风速。第 7 章主要综合以上研究成果，进行编程并研发了高大桥梁上车辆侧风环境下行车安全预警系统。

内容提要

前　言

我国道路交通事业快速发展，公路里程不断增加，公路穿越的地形更加复杂，高大桥梁、路基、隧道作为公路组成必不可少的一部分也越来越普遍。由于这些高大桥梁、路基的阻挡作用，造成局部风速增强，形成风速较大的强侧风区，这会引起高速行驶的车辆发生侧滑和侧翻。尤其是近年来，极端不利天气的发生，冰冻、雨雪等会降低路面的摩擦系数，加剧侧风环境下交通事故发生的概率。因此，非常有必要进行侧风环境下车辆侧滑与侧翻的机理研究，并针对高大桥梁、路基实行交通事故预防智能化管理。本书综合车辆—侧风—路线—路面状况进行了多种因素分析，研究了车辆侧滑和侧翻机理，计算了侧风区车辆侧滑和侧翻的临界风速，研发了预警系统，对侧风多发区交通风险进行智能化预警，减少或者避免交通事故的发生。

本书第1章、第3章、第5章和第6章由山东交通学院胡朋完成，第2章和第4章由山东鲁东路桥有限责任公司成英才完成，第7章由山东交通学院韩耀振完成。

由于作者水平有限，难免存在不当之处，敬请广大读者不吝赐教。

作　者

2020年5月6日

目　录

第 1 章　交通事故及研究现状

1.1　我国交通事故现状

根据《2018 年交通运输行业发展统计公报》，2018 年年末全国公路总里程 484.65 万公里（4.8465×10^6 km），公路密度 50.48 公里/百平方公里（50.48 km/100 km^2），近几年的公路总里程变化如图 1-1 所示。四级及以上等级公路里程 446.59 万公里（4.4659×10^6 km），占公路总里程的 92.1%；二级及以上等级公路里程 64.78 万公里（0.6478×10^6 km），占公路总里程的 13.4%。高速公路里程 14.26 万公里（0.1426×10^6 km），高速公路车道里程 63.33 万公里（0.6333×10^6 km），其中国家高速公路 10.55 万公里（0.1055×10^6 km）。各级公路占比如图 1-2 所示。

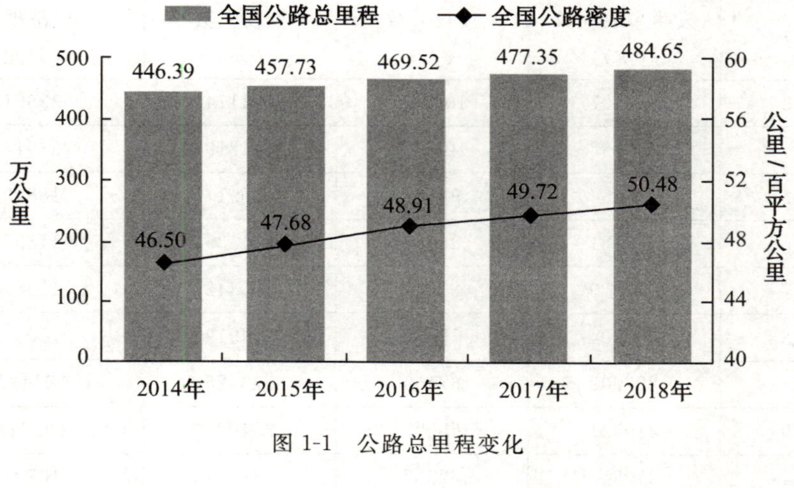

图 1-1　公路总里程变化

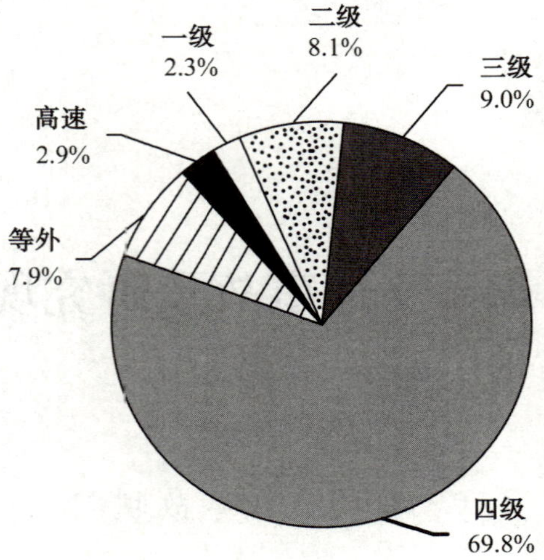

图 1-2　各级公路占比

随着公路里程的增加、交通事业的快速发展，道路安全问题逐渐成为世界上许多国家共同关心的社会问题。我国是世界上道路交通事故最多的国家之一。从20世纪90年代开始，全国交通事故呈现上升趋势，尤其是2003～2004年，平均每年因交通事故而死亡的人数超过10万人。之后的交通事故呈现下降趋势，但近几年的交通事故发生次数下降缓慢，甚至存在略有增加的情况，如表1-1所示。

表 1-1　2003～2019 年交通事故调查表

年份	发生事故次数（次）	死亡人数（人）	受伤人数（人）	经济损失（万元）
2003	667507	104372	494174	336915
2004	567753	107077	451810	239141
2005	450254	98738	469911	188401
2006	378781	89455	431139	148956
2007	327209	81649	380442	119878
2008	265204	73484	304919	100972
2009	238000	67159	275125	91437
2010	219521	65225	254075	92634
2011	210812	62387	237421	107873
2012	204197	59997	224327	117490

续表

年份	发生事故次数（次）	死亡人数（人）	受伤人数（人）	经济损失（万元）
2013	198394	58539	213724	103897
2014	196812	58539	211882	107543
2015	187781	58022	199880	103692
2016	212846	63093	226430	120760
2017	203049	63772	209654	121311
2018	244937	63194	258532	138456
2019	212826	63093	226430	120760

大风天气下发生的交通事故属于不良天气影响的交通事故之一。我国新疆地区就曾经发生过大风吹翻列车 13 次、总计翻车 79 辆的风环境交通事故。

2010 年 6 月 25 日，在吐乌大高等级公路小草湖风力发电站往吐鲁番方向 300 m长路段上，3 辆厢式货车遭遇横风被吹翻，如图 1-3 所示。

图 1-3　大风引发的交通事故

2013 年 3 月，烟台芝罘区魁玉路附近发生一起“离奇车祸”。一阵大风刮过，将一辆正在行驶的货车上的铁皮挡板吹翻掉地，而坐在铁皮挡板上的一名男子因此坠落在地，不幸身亡。

2016 年 11 月，广乐高速韶关段发生一起交通事故。一辆小汽车在途经乐昌段时突遇强横风吹袭，导致车辆失控、撞向护栏，差点酿成车毁人亡。在珠三角平原地区因强横风而引发的交通事故比较少见，但在重山环绕的粤北山区高速公路上，车辆遭遇强横风吹袭的可能性较大，亟须引起过往车主的高度重视。

高大桥梁上的侧风引发的交通事故更为多见。2004 年 8 月 11 日，广东虎门大桥七辆货车被风吹翻。2018 年 8 月 17 日，台风“温比亚”登陆浙江，苏通大桥桥面风力达到十级，一根斜拉索的阻尼器出现断裂，交通一度处于特级管制状态。

1.2 国内外研究现状

1.2.1 车辆振动产生动荷载的研究

汽车在道路上行驶时，由于路面不平整使得汽车车身振动，驾驶员不得不降低车速行驶，导致运输生产率下降。由于路面不平整是一个典型的随机过程，所以路面不平整引起的车辆动荷载也具有随机性。车辆与路面相互作用系统的研究是一个新近发展起来的领域，主要涉及车辆、道路以及它们之间相互作用的动力学等三方面问题的研究

在国内，钟阳、王哲人和张肖宁(1992)把汽车分别简化为两自由度，初步分析了车辆载荷与行车速度的关系，认为行驶车辆对路面的动荷载也是一个随机过程，得出车辆对路面的动压力随车速的增加而增大，并随路面平整度的恶化而增大的结论[1]。黄晓明(1993)从理论上分析了路面平整度与路面所受动荷载间的关系，然后通过实例计算分析了轮胎刚度、汽车速度及路面平整度对冲击系数的影响，并依据可靠度理论，提出了实际路面所应考虑的荷载冲击系数的范围[2]。孙璐和邓学均(1996)以研究简报的形式将车辆简化为具有双自由度的 1/4 车辆模型，初步介绍了路面功率谱密度和动荷载之间的关系，并提出了路面平整度的反算方法[3]。郑京杰(1999)等从双轴汽车四自由度平面模型出发，将路面平整度的功率谱密度函数作为输入，利用随机振动的方法分析了行驶车辆作用于路面的随机动压力[4]。邓学钧(2002)再做研究，将车辆与地面结构视为综合体系，用数学模型描述车辆与地面结构接触面的平整度，建立路面平整度随机场，研究在随机振动激励下发生的车辆对地面结构的各种运动荷载。此项成果完全改变了过去以稳态点源荷载，甚至以静力荷载作为动力源，又将车辆和地面结构分开，进行单项研究等不符合实际的研究方法，从而开创了车辆地面结构动力学理论的新体系[5]。

于清(2003)考虑汽车侧倾因素，建立了自由度车辆模型，并据此模型实例分析计算了在路面波幅一定的情况下，汽车在不同波长路面上以不同车速行驶时产生的车辆动荷载[6]。郑州大学郭成超(2004)基于“人—车—路”的相互作用建立了简化的三自由度车辆模型，运用傅立叶叠加法计算了车辆动荷载的幅频特性与功率谱密度、加速度放大因子与加速度谱，利用模型研究了车速和路面平整度特性、车辆动载与乘客的舒适性的关系[7]。张洪亮(2005，2010)、宋一帆(2007)、姚时音(2008)、郑仲浪(2009)建立了多自由度的车辆—地面模型研究车辆—地面动

力学[8～12]。

车辆振动对人体的危害已是众所周知。早在 1965 年，丹尼斯（Dennis）的研究就指出长时间的振动会损害人的视力[13]。1988 年，塞德（Seidel）指出人长时间处在车辆振动环境中会影响人的听力[14]。后来的研究表明，车辆振动还会影响人的消化系统、生殖系统等[15～18]。为了评价车辆振动对人体的影响水平，国际标准化组织推荐《人体承受全身振动评价指南》[ISO 2631-1:1997(E)]作为评价人体振动承受评价标准。该指南不仅分析了振动过程中振动强度、振动频率、振动方向、振动暴露时间等对人体的影响，还进一步量化了振动与人体的健康、舒适性、感觉及运动间的关系[19]。

车辆振动不仅对人体有伤害，振动引发的动荷载也会加剧路面的破坏。道斯（Dodds）和罗森（Roson，1973）将路面平整度视为行车偏离实际平坦路面的决定函数，用功率谱密度（PSD）随机方式描述路面的平整度，并计算了动荷载大小[20]。林（Lin，1978）研究了飞机起降时对机场跑道的动力作用问题，并认为飞机对跑道的动荷载远大于静荷载[21]。托德（Todd，1987）研究了 1/4 货车模型、1/2 货车模型和 1/2 拖挂车模型，并在计算机上模拟了行驶质量和路面荷载应力[22]。亨特（Hunt，1991）在其研究中将道路交通引起的地面振动看作一种随机过程，提出了计算地面振动功率谱的理论模型，能较好地预测由随机地面粗糙度引起的车辆振动[23,24]。马康德思（Marcondes，1992）研究了车辆垂直加速度和 IRI 之间的函数关系，并且根据不同类型的路面结构测定了加速度的均方差[25]。瓦次（Watts，1984～2000）通过大量长期的试验观测，指出车辆振动和路面平整度的离散性有关，同时分析了路面上存在坑洞、裂缝等缺陷时的车辆振动规律，这为车路动态作用的研究奠定了坚实的基础[26,27]。吉勒西比（Gillespie，2000）利用 1/4 车辆模型分析了车辆振动和轮胎动荷载[28]。

最近，关于车辆和大跨度桥梁之间相互作用的研究越来越多。车辆被看作是多自由度的振动模型，如最简单的二自由度模型（1/4 车辆模型）[29～31]、1/2 车辆模型和更多自由度的三维模型[32～36]。

而对桥梁则采用有限元方法建立模型[37～39]，车和桥梁之间用接触单元进行连接[40,41]，从而求解车—梁之间的动态响应。车桥耦合后的振动分析也逐渐被应用到行车安全上来。

综上所述，研究车轮动荷载问题已经取得了长足的进步，无论是车路耦合模型还是求解方法，都有着诸多丰富的成果。

1.2.2　道路桥梁风速场变化规律及行车安全的研究

侧风作用下的行车安全性问题早在 20 世纪 30 年代就引起了汽车空气动力学

研究者的重视。随着我国高等级公路的发展、汽车功率的增大，目前，不仅轿车，连货车以 100 km/h 以上的车速行驶的情况也是很常见的。现代轿车的设计最高车速已超过 200 km/h，运动型轿车甚至达到 300 km/h。对于高速行驶的汽车，随时都可能受到侧风的作用。除了在空旷的高速公路上受到任意方向、任意强度的自然侧风外，隧道、桥梁和路基等复杂的地域地形也都会产生人工阵风。驾驶员在受到这种突发的侧风影响时若来不及反应，便会使车辆发生侧偏、横摆等现象。尤其是在高路堤和高大桥梁处，由于受到高路堤和桥梁的阻挡作用，风速改变剧烈，局部风速增强，易形成强烈侧风，影响行车安全。

研究自然风在道路桥梁等结构物影响下的路面、桥面风速场，可为侧风环境下的交通安全分析提供依据，对预防交通事故的发生，保障驾驶员的生命财产安全有着积极的意义。

国内外直接研究道路桥梁风速场的并不多，主要集中在风吹雪、风吹沙成因及机理的研究和桥梁抗风的研究上。吴正(1993)采用风速仪现场实测了路基横断面方向沿程 15 cm 高度处风速变化情况[42]。郑传超和胡朋(2005)采用流体动力学软件对不同形式的道路桥梁结构物的风速场进行了仿真，目的在于研究风雪流和风沙流造成的路基雪害和沙害情况[43~45]。郝宇博(2006)等使用多点风速风向自动记录仪，在公路上风侧、路面、公路下风侧多点架设风杯，用 1～2 台主机控制，自动记录风速值，对采集的数据处理后得到风速流场图[46]。陈策等在 2006 年对泰州大桥进行了风速观测，得到 10 min 平均最大风速，并得出桥位风速随高度的变化大体符合指数规律[47]。张伟(2009)等采用粒子图像测速系统(PIV)获得以第一塔柯玛桥为原型的 H 形断面在多种风速下的结构周围流场[48]。

张(Zhang，1995)等从纳维—斯托克斯方程(N-S 方程)出发，采用压力耦合方程组的半隐式方法(SIMPLE 算法)，对铁路路基风速场进行了仿真分析，认为在路肩处所受到的风速最大，极易造成路肩侵蚀[49]。萨奇亚(M. Tsuchiya，2002)通过建立楼房房顶小型模型，采用风速计和雪量标尺对积雪模式进行了现场观测，并对风速在房顶的分布特点进行了风洞试验[50]。肖宝适(Shiau，2002)等通过风洞试验对不同边坡坡度的路基风速进行了研究，分析了风吹入方式对路基周围的雷诺应力的影响和风速场特性[51]。

侧风对行车安全有着很大的影响，尤其是在侧风多发区和特大桥梁上，侧风带来的隐患更大，因此，很多学者进行了侧风对行车舒适性和行车安全的相关研究。江浩(2001)等通过对集装箱半挂车在侧风作用下运动规律的求解，并以一定的标准来评价侧风下的行驶稳定性，提出了一些提高行驶稳定性、保证行车安全的措施[52]。陈艾荣(2006)等应用概率统计方法建立了桥位风速统计和极值风速概率分布模型，并通过桥面风环境测速风洞试验给出了自然风与桥面行车风环境的关系，进而评估了自然风作用时车辆不同车速条件下的桥面行驶安全性[53]。庞加斌(2006)等在考虑风速、车型、路面条件和车速的基础上，分析了四种典型车辆的安全行车临界风速，并结合桥位风速观测资料统计和桥梁结构对桥面风速的影响，建立了桥面行车高度的等效风速概率模型，提出了概率评估方法，还将此方法应用于杭州湾跨海大桥和苏通长江公路大桥的桥面行车安全性分析[54]。韩万水(2008)等将风、汽车、桥梁三者作为一个相互作用的系统，提出了一个较为完善的风—汽车—桥梁系统空间耦合振动分析模型，编制了相应的分析模块，研究了侧风与桥梁振动对车辆驾驶舒适性的作用，并探讨了路面粗糙度、平均风速和车速对风环境下行驶在大跨度斜拉桥上车辆驾驶舒适性的影响[55]。于群力(2008)等将修正的脉动动能—耗散率(K-E)方程作为湍流模型的控制方程，对车桥模型的风速场进行了流场分析，得到了桥上车辆的压力分布，进而获得了桥上行驶车辆的阻力系数和升力系数，以车辆不发生侧滑为指标给出了跨海大桥不同桥面特征下的安全行车风速标准，并与普通高速公路的相关安全行车风速进行了比较[56]。

也有很多学者从汽车理论、多刚体动力学仿真方面研究了侧风对车辆的影响，从车辆结构参数方面研究了侧风对行车安全的影响。海贵春、谷正气(2008)等从理论上分析了汽车行驶过程中所受到的气动力，指出了气动侧向力的产生原因[57]。王夫亮(2008)等动态模拟了汽车行驶通过一个侧风速度随时间不断增强的区域，对不同强度侧风下汽车的气动特性进行了瞬态数值模拟研究[58]。周玉财(2009)考虑了空气力的影响，建立了车辆三自度转向运动的动力学模型，并以质心侧偏角、横摆角、横摆角速度、侧倾角、侧倾角速度为状态变量，以前轴转角及侧风作用力为输入，以质心侧偏角、横摆角、横摆角速度、侧倾角为输出，推导了车辆三自度转向运动的动力学模型的状态方程[59]。

国外针对侧风对车辆影响的研究起步较早，主要从理论分析、风洞模拟和仿真模拟三个方向进行。马克亚当(MacAdma，1989)提出的静态转向分析方法中，强调了在研究汽车侧风稳定性时，要考虑中性转向点与质心和风压中心之间相对位置的重要性[60]。毕托(J. Bettle，2003)研究了车辆经过设有风障桥塔后的气动力和其分布特征，然后根据以往研究成果进行了车辆动态响应的仿真分析[61]。史奈伯杰森(Snæbjörnsson，2007)从侧风风速、行车速度、附着系数和路拱等因素出发，以事故率为指标评估交通事故发生的概率。分析侧风风速时，将超声波风速计固定在行驶的车辆上实测相对风速，并采用全球定位系统(GPS)接收装置，实时监测车辆速度和车辆位置，从而获得车辆在运行过程中的风速、风向[62]。但所测风速为与车顶有一定距离的风速，和车辆实际运行的风速场有着较大的差别，并不能真实反映出车辆所受到的侧风作用力。陈(Chen，2009)等介绍了三维超声风速计和空间地理成像技术的风速测定方法。该方法将三维超声风速计和空间摄像系统安装在车辆上，通过传感器就可以直接测得车辆正常行驶过程中的风速，通过 GPS 可以准确判断车辆行驶方向和风向，然后通过摄像技术建立道路的地理位置和车辆行驶方向、风向的关系，从而为侧风作用下的行车安全提供理论基础，并在风洞试验中验证了该方法的准确性[63]。斯德林(Sterling M.，2009)采用风洞试验和流体动力学(CFD)软件对车辆的风速场进行了仿真分析，证明了横摆力矩系数仿真分析和风洞试验得出的结果基本一致，侧向力系数虽然基本一致，但是风压分布却相差较大[64]。

以上的研究主要是判断车辆动态响应、测量车辆气动力系数和设计车辆外形尺寸。

1.2.3 抗滑性能测定设备和方法

对路面进行抗滑性能测定最初是根据摩擦力学的概念进行的，涉及车辆轮胎与路面材料之间的摩擦作用和其他影响因素的分析。英国、法国和美国等在 20 世纪 60 年代末就开始了公路路面抗滑性能测试技术的研究，研究内容主要涉及摩擦系数测定技术和摩擦机理、滑溜事故及抗滑标准等问题。这些研究提供了理论基础和实践经验，世界各国据此纷纷研制出许多路面摩擦系数检测设备和仪器。

1.2.3.1 单点式测试设备

(1)摆式摩擦系数测定仪。摆式摩擦系数测定仪最初是由英国研制出来的，后被许多国家广泛使用[65～67]。1980 年，交通部公路研究所和江苏省沭阳县公路工程仪器厂共同研制的摆式摩擦系数测定仪通过鉴定。之后，摆式摩擦仪在我国得到了广泛的应用。其原理为摆锤损失的位能就等于摆锤下橡胶块克服路面摩擦力所做的功，从而可以计算出摆值。路面摩擦系数越大，损失的位能就越大，摆值就越大。其特点为定点测量，原理简单。摆式摩擦系数测定仪便于携带，操作简单，比较适合测定局部地区的摩擦系数。但摆式摩擦系数测定仪只能在单点采样条件下测定一种速度下的摩擦系数，且只能反映车速较低时的路面抗滑性能，精度低、代表性差，无法满足高等级公路发展的需要。

(2)动态摩擦系数测试仪。动态摩擦系数测试仪由日本制造，与摆式仪相似，也是通过摩擦力做功使旋转动能损失来反算动态摩擦系数值的。测试仪底部有两个圆盘。一个圆盘在发动机作用下旋转，旋转盘下安装了绕圆盘的轴自由旋转的小圆盘，这个圆盘安装了三个橡胶滑溜块。旋转盘使橡胶滑溜块的线速度达到 100 km/h后，将圆盘从悬空位置释放到路面上，圆盘在路面摩擦力的作用下逐渐减速至静止。在此过程中，X-Y 记录仪连续记录橡胶滑溜块和路面之间的摩擦力 F。若橡胶滑溜块上施加正压力 W，则动态摩擦系数 $D_F = F/W$。X-Y 记录仪还同时记录了圆盘上橡胶滑溜块的旋转速度。由于是连续测量，所以可得出速度和摩擦系数的关系曲线，由此反映摩擦系数和速度的关系（速度依存性）。我国公路工程现场测试规程规定取 60 km/h 时的摩擦系数作为测试值[65~70]。

动态摩擦系数测试仪是一套操作简单、便携式的设备，在测量操作的同时以图形的形式记录数据，除了道路表面之外，建筑物和体育馆内的地面，甚至狭窄的过道和公共汽车的出入口都可以测量。

1.2.3.2　连续测试设备

(1)纵向摩擦系数测试车。纵向摩擦系数主要表示车辆在路面上沿行车方向制动时的路面抗力，与公路的制动距离关系更为密切，直接影响行车安全。郑木莲介绍了美国纵向摩擦系数测定仪——SAFEGATE 摩擦测试车的工作原理。该车以一定的牵引速度带着测试轮悬起行驶前进，当需要测试时，将测试车行驶速度锁定在某一测速上，然后通过驾驶室中的控制键盘检测测试系统是否正常[71]。选择测试模式（干、洒水和冰态），设定并控制洒水量，再将测试轮利用液压系统降至路面。测试轮被液压力间歇锁紧，其中滑动占轮周的 12%，滚动占轮周的 88%。与此同时，喷水系统自动按设置的洒水量、水膜厚度保持测试轮的湿润。与测试轮相连的变速轮上的力矩传感器和测试轮液压缸上的垂直负荷传感器测定测试轮的受力，将电信号通过脉冲传感器传送到中央单元处理，将需要的摩擦系数储存、打印输出。

(2)横向力系数测试仪。目前，世界上使用最广泛的横向力系数测试仪由英国于 20 世纪 60 年代研制，称为"SCRIM 系统"。其通过一个 20°偏角的测试轮测定路面的 SFC 值，可以反映纵、横两个方向的摩擦力性能。我国于 80 年代末引进 SCRIM 系统，并通过国家"八五"和"九五"期间开展的专项课题研究，横向力系数已经进入我国的交通行业标准体系[66~72]。

目前，横向力系数测定车有多个产品，但基本原理是一致的。在测试车上安装标准试验轮胎，与车辆行驶方向侧偏一定角度。汽车以一定的速度在潮湿路面上行驶时，试验轮胎受到侧向摩阻力。此摩阻力除以试验轮上的载重，即为横向力系数值。该值可以反映纵、横两个方向的摩擦力性能。

各个产品不同的地方主要有：测试轮与车行驶方向的角度，测试携带的喷洒水量，产品为整体式还是拖挂式。例如美国生产的 DFT-1000 型动态横向力系数车为拖挂式，测试过程中因需要洒水控制水膜厚度，所以需要单独配备洒水车，但价格相对较低；英国 PAVETESTING 公司生产的 TPCFT- RM2000 为拖挂式，但经过改造后也可以成为整体式，现场测试方便，携带水量也较大，但造价相对较高。

MU-meter 摩擦系数测试系统是由英国制造的一种横向力摩擦系数的测试设备，有拖挂式、单体式两种，可以干测或湿测[70,73]。为便于对摩擦系数值的比较，对胎压、车轮荷载、轮胎等指标或产品都做了统一规定，这是一种可靠的摩擦系数测定方法。但其测试结构、传感器测力方向、轮胎尺寸和气压、荷载重量等均与SCRIM系统不同，而且测试轮和行车方向成15°偏角，但MU-meter的测试结果与SFC之间具有良好的相关关系。该设备已列入美国ASTM F670-94标准。MU-meter摩擦系数测试系统在我国使用的条件之一就是其测试结果必须转换成SFC值后才能进行工程上的应用和评价。

1.2.3.3 宏观构造深度测试方法

路表面构造深度反映了路表面的宏观构造，是评价路面抗滑和排水性能的重要指标。一般来说，表面构造深度较大的路面，可以提供较高的摩阻力。

我国最早的路表面构造深度测量方法是铺砂法。铺砂法是我国公路工程建设中应用最早，也是最为基础的路面抗滑性能测试方法，在我国应用时间长且非常普遍。虽然该方法操作简单，设备价格便宜，但费时费力，测量结果中的人为因素影响比较大，精度不高。20世纪80年代初，国外开始应用激光构造仪。1985年，我国辽宁省引进第一台激光构造深度仪，路试结果反映良好。1987年，我国机械工业部和交通部将其列为消化吸收项目。1990年，北京交科所和北京市光电技术研究所合作生产出第一台国产样机。激光构造深度仪应用激光测高程技术、加速度传感器修正技术、计算机分析统计技术，可以连续采集路面的构造深度。它与铺砂法有着良好的相关性(相关系数R不小于0.97)，而且与其相比，测试效率大大提高，因此在工程检测中已经得到推广、应用[74]。

随着计算机技术的发展，数字图像技术已经越来越广泛地被应用到各个生产和科技领域。王端宜等提出利用普通常规设备(扫描仪、数码相机等)获取的数字图像来评价和测量道路表面构造深度[75,76]。

1.2.4 预防侧风诱发交通事故的措施

关于预防侧风诱发交通事故的措施主要集中在高大桥梁的风障设置上。英国的赛文桥、赛文二桥，我国的香港青马大桥、杭州湾跨海大桥通过增加风障降低桥面侧向风速，但这种被动措施增大了风荷载，甚至会影响桥梁的抗风安全性[77]。查乌维西塔(S. Charuvisita，2004)研究了车辆通过桥塔挡风区时风障的有效性，同时进行了风洞试验和车辆反应的数值模拟，并且比较了有无风障时的气动力和车辆响应，考察了风速、车速、塔的形状等参数的作用[78]。结果发现车辆响应随着风速和车速的提高而增大，并且当风的偏角达到30°时，车辆响应达到最大值。安装风障后，车辆通过时的动态响应，如车辆侧向的加速度明显降低。

在国内，开始风障方面的研究比较早的是同济大学的陈晓冬(2007)。他对杭州湾大桥的行车环境问题进行了全面研究，并进行了杭州湾大桥桥塔处的1∶30比例的模型风洞试验，研究了桥面风速与来流风速的关系、风障透风率不同对桥面风速的影响，设置了全桥风障和 15 m、30 m 的局部风障并分析其减风效果，同时通过计算流体动力学进行了验证[79]。

董香婷(2007)利用 FLUENT 软件研究了风障对桥面风环境的影响，对未安装风障、安装连续风障和安装渐变风障时侧风作用下的桥面风环境进行了数值模拟，分析比较了不同风障对桥面风环境的影响[80]。

而路基上采取措施预防侧风诱发交通事故的研究几乎没有，但在风沙和风雪地区有部分学者对风雪流和风沙流的形成机理进行探讨后提出了相应的防治办法。葛盛昌等(2009)通过对兰新铁路“百里风区”和南疆铁路近百公里强风地区风沙成因进行分析，研究了挡风墙后不同高度、不同间距风速的变化情况，现场实测挡风墙的防护效果，并对其进行了评价[81]。

第 2 章　道路线形指标与行车安全的关系

设计道路是为车辆服务的，其线形设计指标应当符合车辆的运行规律。良好的设计指标能够带来驾驶的舒适性和安全性，反之则会影响行车安全性。本章主要分析道路的平、纵、横三方面对行车安全的影响。从道路几何线形指标出发，构建基于高速公路几何线形的交通事故预测模型方面，国内外学者也进行过大量的研究[82～84]，结果表明高速公路不良的线形条件是诱发交通事故的重要原因，并据此建立了基于线形指标的事故预测模型。

2.1　基本概念

2.1.1　路线

道路可认为是三维空间的带状实体。该实体表面的中心线为中线，道路中线的空间位置为路线。路线在水平面上的投影称作“路线的平面”，沿中线竖直剖切再行展开则是路线的纵断面；中线上任一点的法向切面是道路在该点的横断面。

2.1.2　汽车行驶轨迹与道路平面线形

车辆在行驶过程中，当方向盘保持在 0°，也即车辆轮胎和车辆轴身成 0°角时，按照直线行驶；当方向盘转到某一位置不动时，轮胎和车辆轴身成固定角度，车辆按照圆曲线行驶。在方向盘转动过程中，轮胎和车辆轴身的夹角也在变化，此时车辆按照一种曲率渐变的曲线行驶。经过分析，可知车辆行驶的轨迹具有如下的几何特征：轨迹连续、轨迹曲率连续、曲率变化率连续。因此，为了适应车辆行驶的轨迹，道路路线在进行设计时也应当遵循该轨迹特征。也就是说，道路平面线形均应该由直线、圆曲线和缓和曲线构成，称它们为“平面线形三要素”。

2.2　平面线形和交通安全

2.2.1　直线

2.2.1.1　特点

两点之间，直线距离最短，因此在平原区直线道路的经济性最好。驾驶员在进行操作过程中，操作简单，车辆行驶受力也最简单。但长直线段容易带来驾驶员疲劳、超速等现象的发生，对行车安全不利。同时，直线和地形适应性较差，容易出现填挖较大的情况。

2.2.1.2　合理长度

根据相关国家的设计要求，直线道路的最大长度一般不超过 $20v$(v 为设计速度，以 km/h 计，在此仅仅使用其数值)。我国《公路路线设计规范》(JTG D20—2017)[85]和《公路工程技术标准》(JTG B01—2014)[86]未对直线道路的最大长度进行规定，但也应当在景色单调的地点控制在 $20v$ 以内。

同向曲线之间插设直线时，为了避免造成视觉上的反弯错觉，同时也为了减少驾驶员的操作失误，《公路路线设计规范》(JTG D20—2017)规定："当设计速度≥60 km/h 时，同向圆曲线间的直线最小长度(以 km 计)以不小于设计速度(以 km/h 计)的 6 倍为宜。"反向圆曲线之间同样考虑驾驶员操作时间、超高、加宽需要，《公路路线设计规范》(JTG D20—2017)规定："当设计速度≥60 km/h 时，反向圆曲线间的直线最小长度(以 km 计)以不小于设计速度(以 km/h 计)的 2 倍为宜。"当曲线两端设有缓和曲线时，也可以直接相连，构成 S 形曲线。孟宪海的研究结果表明，对于山岭区及重丘区高速公路，当平曲线半径超过 4 km、直线段长度分别为 0.9 km 及 1.2 km 时，事故率最低；对于平原区高速公路，当平曲线半径超过4 km、直线段长度为 1.5 km 时，事故率最低[87]。

2.2.1.3　使用路段

依据我国地形、经济情况和使用现状来看，在有些地区可以使用一定长度的长直线，如平坦地形区的公路、城市道路、长桥梁、交叉口及其附近路段。对于长直线路段，应采取一些措施，以减轻驾驶员视觉疲劳问题。对于长直线下坡路段，应尽量避免小半径曲线的设置。

2.2.2　圆曲线

圆曲线具有容易适应地形、测设相对简单、线形美观、驾驶员操作相对容易、诱导驾驶员视线等优点。圆曲线对道路行车安全有着至关重要的作用，国内外多人进行了相关性研究。竺灵杰对 109 国道青藏段海拔 3567～4709 m 区间内公路路线形、行车速度和驾驶员心理反应进行了实地检测[88]。结果表明，驾驶员心率增长率均随平曲线半径增大而减小，海拔 3567～3957 m 区间内平曲线半径应不小于 300 m，海拔 4100～4709 m 区间内平曲线半径应不小于 350 m。潘晓东等以行车试验为依据，通过驾驶员心率和血压的变动规律，用定量分析的方法研究了道路线形构造同驾驶员心理压力和生理负担间的相关性[89]。童申家对不同方向的风压对汽车行驶的横向稳定性进行了分析，得出了不同方向的风压影响下圆曲线最小半径公式，以及高等级公路不同海拔、不同等级风时圆曲线一般最小半径均大于《公路路线设计规范》(JTG D20—2017)要求的一般最小半径[90]。

《公路路线设计规范》(JTG D20—2017)规定："各级公路平面不论转角大小，均应设置圆曲线。"公路平面线形圆曲线设计的指标为半径，其大小可以由车辆在曲线上行驶时的力学平衡方程算出，如图 2-1 所示。

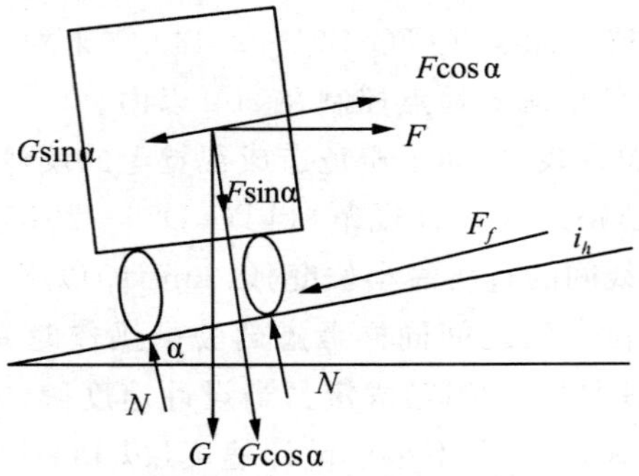

图 2-1　车辆受力分析图

其中，G 为车辆重力，F 为离心力，F_f 为路面摩擦力，i_h 为路拱横坡度(超高)，N 为路面支撑力。因路面横向倾角 α 一般很小，则 $\sin\alpha \approx \tan\alpha = i_h$，$\cos\alpha \approx 1$。

将离心力 F 与汽车重力 G 分解为平行于路面的横向力 X 和垂直于路面的竖向力 Y，即：

$$X = F\cos\alpha - G\sin\alpha \tag{2-1}$$

$$Y = F\sin\alpha + G\cos\alpha \tag{2-2}$$

$$F = \frac{Gv^2}{gR} \tag{2-3}$$

式中：F——离心力(N)；

R——圆曲线半径(m)；

v——汽车行驶速度(m/s)。

所以：

$$X=F-Gi_h=\frac{Gv^2}{gR}-Gi_h=G\left(\frac{v^2}{gR}-i_h\right) \tag{2-4}$$

横向力 X 是汽车行驶的不稳定因素。在此引入横向力系数的概念，它是指单位车重所受的横向力，即：

$$\mu=\frac{X}{G}=\frac{v^2}{gR}-i_h \tag{2-5}$$

用 V(km/h)表达式(2-5)，则：

$$\mu=\frac{V^2}{127R}-i_h \tag{2-6}$$

式(2-6)表达了横向力系数与车速、圆曲线半径及超高值之间的关系。μ 值愈大，汽车在圆曲线上的稳定性愈差。

由式(2-6)得：

$$R=\frac{V^2}{127(\mu\pm i_h)} \tag{2-7}$$

式中：V——行驶速度(km/h)；

μ——横向力系数；

i_h——超高值。

在式(2-7)中，当车辆行驶在曲线内侧时取＋号，行驶在外侧时取－号。

不同等级公路的车速可以根据我国公路工程标准确定。在车速一定的情况下，根据式(2-7)可知，圆曲线的半径由最大横向力系数和最大超高值决定。

2.2.2.1　横向力系数

横向力的存在对行车安全产生了种种不利影响。横向力系数对车辆行驶的影响主要表现为：危及行车安全，增加驾驶操作难度，增加燃料消耗和轮胎磨损，引起行旅不适。综合考虑各方面因素，一般最大横向力系数 μ_{max} 为 0.10～0.16，车速高时取低值，车速低时取高值。

2.2.2.2　最大超高值

超高的设置可以平衡离心力。合理的超高可以使得行车舒适，避免交通事故的发生。但由于车辆运行速度的差异性较大，往往无法兼顾所有车辆，因此为了避免慢车因超高过大造成交通事故，超高值必须要小于恶劣天气条件下的路面摩擦系数。

2.2.2.3　侧滑与侧翻分析

在 2013 年一次死亡 10 人以上的重大道路交通事故中，弯道路段发生的事故数占全部事故数的 37.5%，弯道路段事故造成的死亡人数占全部事故死亡人数的 42.8%，这主要是因为车辆在过弯道时由于车速过快而引起侧滑或侧翻[91]。车辆在曲线上行驶时，由于横向力的存在会引起车辆出现侧滑和侧翻的情况。当路面降雪或者结冰后，路面摩擦系数急剧降低，一旦横向力系数大于路面摩擦系数，就会引起车辆侧滑；由于横向力的存在，当产生的倾覆力矩大于稳定力矩时，就会有倾覆的危险。

2.2.3 缓和曲线

缓和曲线是一种曲率渐变的曲线。我国采用回旋线作为缓和曲线。

2.2.3.1 作用

第一，曲率渐变，便于车辆遵循。从直线的无穷大半径过渡到一定值 R 时，需要有一个渐变的过程。当车速较低时，车辆可以依靠侧向余宽来实现过渡，但当车速较高时，驾驶员来不及操作，容易引发交通事故。

第二，离心加速度渐变，乘客感觉舒适。同样，当车辆由直线进入圆曲线行驶时，乘客突然受到过大的离心力影响，影响了乘坐的舒适性。缓和曲线则可以实现离心加速度的渐变，使乘客逐渐适应，保证了乘坐的舒适性。

第三，提供超高及加宽过渡段。道路横断面从直线上的双坡断面过渡到圆曲线上的单坡断面，直线上的正常宽度过渡到圆曲线上的加宽宽度，都需要一定的路线长度来完成。设置缓和曲线可以实现加宽和超高的过渡。

2.2.3.2 最小长度

为了实现离心加速度、超高和加宽的逐渐过渡，缓和曲线应当保证有一定的长度。其长度可以由乘客感觉、超高和加宽的需求、行驶时间和视觉协调性几个方面来确定。为了方便设计，《公路路线设计规范》(JTG D20—2017)综合考虑以上几个方面，给出了不同设计车速条件下缓和曲线的最小长度，具体如表 2-1 所示。

表 2-1 各级公路缓和曲线最小长度

设计速度(km/h)	120	100	80	60	40	30	20
缓和曲线最小长度(m)	100	85	70	50	35	25	20

2.3 路线纵断面

沿道路中线竖直剖切再行展开即为路线纵断面。路线纵断面反映了道路沿着路线方向起伏变化的情况。路线纵断面设计过程中最主要的是坡度、坡长和竖曲线半径问题。裴玉龙以我国高等级公路上行驶的典型车型(EQ140)为研究对象，分析了高等级公路纵坡的坡度、坡长限制问题，利用汽车行驶理论，依据车辆在公路上的理想行车车速、最低容许车速，得出高等级公路理想的纵坡、不限坡长的最大纵坡和车辆在各种坡度坡道上行驶的减速距离，并以这些分析结果为基础，与我国现行《公路路线设计规范》(JTG D20—2017)进行对比分析，提出了我国高等级公路的坡长限制值、公路的最大坡度值，同时给出了陡坡上设置爬坡车道的坡度值参考指标[92]。

2.3.1 纵坡坡度

公路最大纵坡应依据汽车的动力特性、道路等级、自然条件等因素，通过综合分析研究确定，并应考虑车辆行驶安全及工程和运营经济等因素。国内外的许多研究表明，道路纵坡对道路安全的影响非常大。许多研究学者认为事故率与坡度呈指数或线性的单调上升关系，随着坡度的增加事故率上升，且当坡度超过一定值时，事故率急剧上升。对于影响道路交通安全的纵坡设计内容主要包括最大纵坡的确定、合成纵坡的确定、坡长限制及缓和坡段的设置、平均纵坡。

2.3.1.1　最大纵坡

确定最大纵坡时，不仅要考虑汽车的动力特性、道路等级、自然条件，还要考虑工程和运营的经济等。《公路工程技术标准》(JTG B01—2014)经综合分析研究后，确定了最大纵坡值。各级公路最大纵坡的规定如表 2-2 所示。

表 2-2　各级公路最大纵坡

设计速度(km/h)	120	100	80	60	40	30	20
最大坡度(%)	3	4	5	6	7	8	9

2.3.1.2　最小纵坡

最小纵坡是为满足纵向排水的需要，对横向排水不畅的路段所规定的纵坡最小值。为使道路行车安全、快速和畅通，纵坡小一些为好，但在长路堑、低填以及其他横向排水不畅通地段，应设置不小于 0.3% 的最小纵坡.一般情况下宜不小于 0.5%。对于干旱地区，以及横向排水良好、不产生路面积水的路段，也可不受最小纵坡的限制。

2.3.1.3　平均纵坡

平均纵坡是指一定长度路段两端点的高差与该路段长度的比值。它是衡量纵断面线形质量的一个重要指标。高速公路连续下坡路段往往是道路交通事故多发区域。在这样连续的下坡区域，由于汽车沿下坡方向一直存在一个重力分力的惯性力，致使车辆行驶中额外多出一个加速的力。为了抵消这个会引起车速不断加快的力，驾驶员需要频繁使用制动器来降低车速，从而引起制动器温度不断升高。而随着制动器温度的升高，其制动效果将逐渐下降。与一般路段相比，在连续下坡路段上，车辆更会出现高速行驶现象[93]。在路线纵坡设计时，当地形困难、高差很大时，为了避免交替使用最大纵坡和缓和坡段而形成“台阶式”纵断面，应该对平均纵坡加以限制。

《公路工程技术标准》(JTG B01—2014)规定,二级、三级、四级公路越岭路线连续上坡(或下坡)路段相对高差为200～500 m时,平均纵坡不应大于5.5%;越岭路线相对高差大于500 m时,平均纵坡不应大于5.0%,且任意连续3 km路段的平均纵坡不应大于5.5%。

高速公路和一级公路连续长、陡下坡路段的平均坡度与连续坡长不宜超过表2-3的规定。超过时,应进行交通安全性评价,提出路段速度控制和通行管理方案完善交通工程和安全设施,并论证增设货车强制停车区。

表2-3 连续长、陡下坡的平均坡度与连续坡长

平均坡度(%)	<2.5	2.5	3.0	3.5	4.0	4.5	5.0	5.5	6.0
连续坡长(km)	不限	20.0	14.8	9.3	6.8	5.4	4.4	3.8	3.3
相对高差(m)	不限	500	400	330	270	240	220	210	200

2.3.2 纵坡坡长

坡长是纵断面相邻变坡点的桩号之差,即水平距离。对一定纵坡长度的限制称为"坡长限制",包括最大坡长限制和最小坡长限制。

2.3.2.1 最大坡长限制

最大坡长限制是指控制汽车在坡道上行驶,当车速下降到最低容许速度时所行驶的距离。张娟等进行了公路连续长坡路段纵断面与运行车速之间的关系研究。结果表明:当上坡方向坡长在400 m左右时,对安全行车较有利;当下坡方向坡长在550 m左右时,对安全行车较有利[94]。石飞荣以高速公路交通调查资料为基础,应用汽车动力学原理,提出了对山区高速公路车辆上、下坡行驶的最大纵坡按照理想最大纵坡、缓和坡段纵坡和一般最大纵坡划分的概念,并对纵坡及坡长限制提出了建议值[95,96]。我国在制定各级公路纵坡长度的限制标准时,进行了大量的调查和试验研究工作,同时也参考了国内外大量资料。《公路工程技术标准》(JTG B01—2014)规定的最大坡长如表2-4所示。

表 2-4　各级公路最大坡长　　(单位:m)

设计速度(km/h)		120	100	80	60	40	30	20
纵坡坡度(%)	3	900	1000	1100	1200			
	4	700	800	900	1000	1100	1100	1200
	5		600	700	800	900	900	1000
	6			500	600	700	700	800
	7					500	500	600
	8					300	300	400
	9						200	300
	10							200

2.3.2.2　最小坡长限制

最小坡长的限制主要是从车辆行驶的平顺性出发,避免车辆频繁变坡,导致行车不舒适。路容美观、相邻竖曲线的设置和纵面视距等也要求坡长应有一定最短长度。《公路工程技术标准》(JTG B01—2014)规定了各级公路的最小坡长,具体如表 2-5 所示。

表 2-5　各级公路最小坡长

设计速度(km/h)		120	100	80	60	40	30	20
最小坡长(m)	一般值	400	350	250	200	160	130	80
	最小值	300	250	200	150	120	100	60

2.3.3　竖曲线

竖曲线是指在道路纵坡的变坡处设置的竖向曲线。它是为了满足行车平顺、舒适及视距的需要而设计的。竖曲线的线形可采用圆曲线或抛物线,在使用范围内两者差别不大。

在《公路路线设计规范》(JTG D20—2017)的纵断面设计中,竖曲线的主要设计指标是半径,大小取决于以下三个因素。

2.3.3.1　缓和冲击的需要

车辆行驶在竖曲线上时会产生向下和向上的离心力，这会造成车辆和乘客处于超重和失重两种不同的状态。尤其是失重状态对人体的影响较大，使乘客和驾驶员感觉不适，为此应尽量采用大半径竖曲线。

2.3.3.2　行驶时间不过短

短时间内变坡同样会造成驾驶员的错觉和乘客的不适，应限制汽车在竖曲线上的行驶时间，不能过短。我国规范建议最短应满足 3 s 行程。

2.3.3.3　满足夜间行车要求

车辆在夜间行车时，凹形竖曲线半径过小会造成车灯照射距离不够，驾驶员视距不足，容易引发交通事故。凸形竖曲线半径过小则会遮挡驾驶员视线，无法看到变坡后的障碍物，同样会引发交通事故。为保证行车安全，对竖曲线的最小半径和最小长度应加以限制。

第3章 路面平整度引起车辆动荷载的研究

路面平整度的随机激励将会加剧行驶车辆的振动，影响汽车的平顺性、动力性、经济性和行驶安全性。路面平整度的深入研究是开展汽车—道路相互作用这个研究领域必不可少的一环，也是路—车—人相互作用研究以及汽车地面力学研究的基本内容。首先，车辆振动易引起疲劳驾驶，导致事故发生；其次，构成不同程度的操纵不稳定性，车速越高，这种操纵不稳定性的危险性就越大；再次，路面不平易雨后积水，附着系数急剧下降，从而易出现交通安全事故；最后，路面不平导致车轮的附着性能变差，危及交通安全。

3.1 路面平整度

3.1.1 路面平整度

路面平整度是评定路面质量的主要技术指标之一，主要反映的是路面纵断面剖面曲线的平整性。由于平整度问题本身的复杂性，国内外对平整度的定义有多种。

美国试验与材料协会（ASTM）的定义（E867）为：路面平整度是路面表面相对于理想平面的竖向偏差，而这种偏差会影响到车辆动力特性、行驶质量、路面所受动荷载及排水[97]。交通部标准《公路工程名词术语》（JTJ 002—1987）将路面平整度定义为：路表面纵向的凹凸量的偏差值[98]。《公路路基路面现场测试规程》（JTG E60/1—2008）定义为：路面表面对于理想平面的偏差[99]。综合分析目前各类关于平整度的定义可知，ASTM 定义的合理性在于：明确了路面平整度测量的参照系，利于测定，将人、车、路三方面因素进行了综合考虑，并清楚地论述了其所导致的影响，可以实现人—车—路系统的优化，进而为制定合理的路面平整度评价标准提供了理论基础，所以得到了广泛认可。鉴于路面平整度的复杂性，以及 ASTM 的定义实现了人一车一路系统的优化，所以大部分研究还是使用 ASTM 中的定义。

3.1.2 公路工程对路面平整度的评价指标

用来评价路段平整度的参数称为“路面平整度的评价指标”。评价指标应能灵敏而真实地反映所测路段的相应断面信息，且能通过一定的方法计算得到。随着我国公路路网的建设，对公路的质量标准提出了越来越高的要求。《公路工程质量检验评定标准》(JTGF 80/1—2016)规定了三个平整度评价指标：最大间隙 h、平整度标准差 σ、国际平整度指数 *IRI*[100]。

3.1.2.1 最大间隙[101～103]

将三米直尺直接置于测量路段，将路面与直尺间的最大间隙量作为平整度指标。直尺长度在不同国家与地区有所不同，大部分是三米直尺。当采用三米直尺测定路面平整度时，常采用最大间隙作为测定指标。

3.1.2.2 平整度标准差[104～106]

当采用连续式平整度仪检测时，一般采用路面平整度标准差来表征路面平整度。这个指标也是目前我国路面施工、验收与评价中最常用的指标。为了客观、准确、高效地评定路面平整度，国内进行了相关研究，建立了国际平整度指标与平整度标准差之间的关系，并进一步引入公路路面设计规范中来。

3.1.2.3 国际平整度指数

1982 年，世界银行在巴西进行的国际平整度试验完整而系统地提出了国际平整度指数的计算模型与计算方法。国际平整度指数由一条单向纵断面计算得到。采用 1/4 车模型(由固定的弹簧体质量、非弹簧体质量以及弹簧和阻尼组成)，以 80 km/h速度在已知断面上行驶，计算一定行驶距离内悬挂系统的累积位移，并以此作为国际平整度指数[107～110]。

IRI 是综合了断面类与动态类平整度测定方法的优点而得到的一个评价指标，是对静态断面高程数据经过数学模型计算后得到的动态变量。*IRI* 具有以下特点：与车辆振动的动态反应相关，通过 1/4 车模型建立了与车辆性能的相关性；直接与路段断面高程相关，保证结果具有时间稳定性；可以通过广泛使用的仪器测量得到，结果具有有效性；可以在世界范围内进行转换(有标准计算程序)，具有可转移性。由于具有以上特点，*IRI* 已成为目前国际上广泛运用的平整度指标。

除了上述的主要平整度评价指标外，国内外还有其他评价路面平整度的指标，如断面指数 *PI*、平均评分等级 *MPR*、行驶质量数 *RN* 等。目前，多位学者对平整度标准差和国际平整度指数之间的关系进行了相关研究[111～117]。

3.1.3 功率谱密度

功率谱密度(Power Spectral Density，PSD)是车辆工程研究机构普遍使用的指标，表示变量（如路面高程）在不同空间频率下的方差。各国学者曾提出了不同形式的功率谱密度表达式模型。国际标准化组织（ISO）在 20 世纪 70 年代初参照英国汽车工业协会推荐的以功率谱进行道路平整度分级的方法，综合大量研究工作和文献，制定了国际标准 ISO SC2/WG4，将平整度分为五级。1984 年，该组织又在文件 ISO/TC 108/SC2N67 中提出了《路面平整度表示方法草案》，将平整度分为八级。我国汽车工程研究人员在总结国际研究成果的基础上，结合国内研究，由长春汽车研究所起草，国家标准局制定了我国标准——《车辆振动输入路面平度表示方法》（GB/T 7031—1986），也将平整度分为八级[118]。

3.1.4　路面平整度的测定方法与测定仪器

平整度的测定分为断面类和反应类。断面类实际上是测定路面表面凸凹情况的，如最常用的三米直尺和连续式平整度仪，还可用水准仪精确测定高程得到。反应类是测定路面凸凹引起车辆振动的颠簸情况，是驾驶员和乘客直接感受到的平整度指标，因此，它实际上是舒适性指标，最常用的测试设备是车载式颠簸累积仪，现已有新型的自动化测试设备，如纵断面分析仪、路面平整度数据采集系统测定车等。

3.1.4.1　断面类[101～106]

20 世纪 70 年代，我国公路施工与检测部门检测路面平整度采用木制三米直尺，在 80 年代初广泛采用铝合金三米折叠尺。它具有携带方便、精度高、坚固耐用等特点。但三米直尺是一个平尺，只能检验路平整状态，其平整度的数值还需使用盒尺或塞尺、钢板尺等测量尺测量间隙。测量过程比较辛苦，且测量的数值精确度差。带游标测量尺的三米直尺是集检验与测量为一体的测量仪器，比用三米直尺检验路面平整度、测量路面间隙的检测办法速度快，读数更直观、精确。数显三米直尺式平整度仪是以三米直尺导轨为基准，由操作人员推动推杆，操作小车在三米直尺导轨上移动，使传感器测头在路面上滚动，通过高精度位移传感器采集路面的凸凹不平信号。数显三米直尺式平整度仪的综合精度可以控制在 0.4 mm 之内。

采用水准仪和水准尺沿轮迹测量路面表面高程，由此可得到很精确的路表纵断面。这种方法结果稳定且准确，但要求测点位置密集布置，测量速度比较慢。

西安公路研究所研制的 XLPY-E 型和 XLPY-F 型连续式路面平整度仪[119]是在对英国的颠簸累积仪、日本的八轮路面平整度仪、法国的 APL-723 纵断面分析仪进行全面分析与研究的基础上，结合我国国情进行重新研究与设计的[120]。

连续式路面平整度仪曾经是国内最新一代、最先进的现代化路面测量仪器，具有连续测量、自动运算、显示并打印路面平整度均方差的功能，因此和现行的三米直尺测量及其他同类测量仪器比较，测量精度高，提高了工作效率和经济效益，但目前来讲，有被激光断面仪取代的趋势。

国外连续式平整度仪有 4 轮、8 轮、16 轮等很多种类。我国《公路路基路面现场测试规程》(JTG E60—2019)规定的标准仪器仅仅限于 3 米 8 轮平整度仪，因此又有很多人把我们在用的连续式平整度仪称为“八轮仪”。

和八轮仪不同，激光断面仪测量平整度是得到路面的国际平整度指标 *IRI*[121]，其标准测试速度为 80 km/h(测试时的最小速度不得低于 40 km/h)。

激光断面仪测量平整度的基本原理是通过横向分布的若干个(国内通常为 5～9 个)激光传感器发射的激光束反射回读数器来测试路面，这个距离信号同车上装的加速度计信号进行互差，消除测试车自身的颠簸，输出距离路面的高度。它测试速度快，精度高，还可以同时进行纵断面、横坡、车辙等测量，克服了八轮仪速度慢和受路面杂物干扰的缺点。

3.1.4.2　反应类

反应类平整度测定系统是在主车或者拖车上安装传感器和显示器，可以传感和累积车辆以一定速度经过不平整路面时悬挂系统的竖向位移量。显示器计下的测定值通常是一个计数数值，每一个计数相当于悬挂系统位移量。

车载式颠簸累积仪通过测量该仪器的装载车在被测路面通过时，车后轴与车厢的单向位移累积值(cm/km)来表征路面的平整度状况[122]。在测试车的底板上安装位移传感器，用钢丝绳与后桥相连，另一端与传感器的定量位移轮连接。当车辆测试行驶时，由于路表的凹凸不平使后桥与车厢间产生上下相对位移，钢丝绳带动定量位移轮转动输出脉冲信号。此信号经计算机数据采集、处理、判别、换算成位移量，并记录下来。但它存在着三个缺点：第一，时间稳定性差；第二，转换性差，不同部门测定的结果难以进行对比；第三，不能给出路面纵断面。

3.2　随机振动与车辆振动模型

3.2.1　随机振动的相关定义

3.2.1.1　随机过程

随机过程是对一连串随机事件动态关系的定量描述。随机现象在一定条件下进行试验或观察会出现不同的结果(多于一种可能的试验结果)，而且在每次试验之前都无法预测会出现哪一种结果(不能肯定试验会出现哪一种结果)。在数学中，平稳随机过程又称为“狭义平稳过程”，是在固定时间和位置的概率分布与所有时间和位置的概率分布相同的随机过程，即随机过程的统计特性不随事件的推移而变化。这样，数学期望和方差这些参数也不随时间和位置变化。

如对某一随机过程 $X(t)$，在任一时刻 t_1 采样，随机过程的各个样本值都不相同，构成了一个随机变量 $X(t_1)$，则随机过程 $X(t)$ 在 t_1 瞬时的集合平均值成为均值，也成为数学期望。定义为：

$$\mu_x(t_1) = E[X(t_1)] = \lim_{n\to\infty}\frac{1}{n}\sum_{k=1}^{N}x_k(t_1) \tag{3-1}$$

3.2.1.2　相关函数

$\mu_x(t_1)$ 一般与时刻 t_1 有关。$X(t)$ 在 t_1 时刻和 $t_1+\tau$ 时刻构成两个随机变量 $X(t_1)$ 和 $X(t_1+\tau)$，对各样本和的乘积取集合平均值，得到：

$$R_x(t_1,t_1+\tau) = E[X(t_1)X(t_1+\tau)] = \lim_{n\to\infty}\frac{1}{n}\sum_{k=1}^{N}x_k(t_1)x_k(t_1+\tau) \tag{3-2}$$

$R_x(t_1,t_1+\tau)$ 称作随机过程 $X(t)$ 在 t_1 时刻和 $t_1+\tau$ 时刻的"自相关函数"。它既是时间差 τ 的函数，也与时刻 t_1 相关。

如果随机过程的均值和自相关函数与采样时刻 t_1 无关，则称随机过程为"平稳过程"。对于平稳过程，均值为常数，$\mu_x(t_1)=\mu_x$。而自相关函数仅依赖时间差 τ。

$$R_x(t_1,t_1+\tau)=R_x(\tau) \tag{3-3}$$

3.2.2　路面平整度功率谱密度

道路纵剖面平整度序列是一种随机现象。大量研究表明，它在数学上属于各态历经的平稳随机过程，或者说可以处理为各态历经的平稳随机过程。对于随机过程而言，功率谱密度是从频率角度描述随机过程的统计规律的主要特征。

对于时间函数 $x(t)$，$-\infty<t<+\infty$，如果 $x(t)$ 满足狄利克雷(Dirichlet)条件，且绝对可积，则 $x(t)$ 的傅里叶变换及其逆变换存在。

$$F_x(\omega) = \int_{-\infty}^{\infty}x(t)\mathrm{e}^{-j\omega t}\,\mathrm{d}t \tag{3-4}$$

$$x(t) = \frac{1}{2\pi}\int_{-\infty}^{\infty}F_x(\omega)\mathrm{e}^{-j\omega t}\,\mathrm{d}\omega \tag{3-5}$$

式中：ω——时间角频率(rad/s)，$\omega=2\pi f$；

f——时间频率(Hz)。

$x(t)$ 和频谱 $F_x(\omega)$ 之间有帕塞瓦尔等式成立，即：

$$\int_{-\infty}^{+\infty}x^2(t)\,\mathrm{d}t = \frac{1}{2\pi}\int_{-\infty}^{\infty}|F_x(\omega)|^2\,\mathrm{d}\omega \tag{3-6}$$

左边表示信号 $x(t)$ 在 $(-\infty<t<+\infty)$ 上的总能量，而右边的被积函数 $|F_x(\omega)|^2$ 相应称为信号 $x(t)$ 的"能谱密度"。尽管式中的 t 是无限的，即 $x(t)$ 总能量是无限的，但其平均功率是有限的，即随机过程样本函数的平均功率的频谱是存在的。对

于$-T<t<+T$，$T\to+\infty$，信号$x(t)$的平均功率为：

$$\lim_{T\to+\infty}\frac{1}{2T}\int_{-T}^{+T}x^2(t)\,\mathrm{d}t=\frac{1}{2\pi}\int_{-\infty}^{+\infty}\lim_{T\to+\infty}\frac{1}{2T}\mid F_x(\omega)\mid^2\mathrm{d}\omega \tag{3-7}$$

则称$S_x(\omega)=\lim\limits_{T\to+\infty}\frac{1}{2T}|F_x(\omega)|^2$为信号$x(t)$的“平均功率谱密度函数”，也称为“自功率谱密度”。

路面平整度功率谱密度可用下式作为拟合表达式。

$$G_x(n)=G_x(n_0)\left(\frac{n}{n_0}\right)^{-w} \tag{3-8}$$

式中：n——空间频率，是波长λ的倒数，表示每米长度内包含波的个数；

n_0——参考空间频率，取$0.1\ \mathrm{m}^{-1}$；

$G_x(n_0)$——参考空间频率n_0下的路面功率谱密度值，其大小取决于路面等级；

w——频率指数，为双对数坐标上斜线的斜率，决定路面功率谱密度的频率结构，在路面分级时取$w=2$。

3.2.3 功率谱密度的时间频率表达方式[123]

对车辆振动系统的输入除了路面平整度，还要考虑车速这个因素，因而需要根据车速v，将空间频率功率谱密度$G_x(n)$换算为时间频率功率谱密度$G_x(f)$。

当车辆以一定的车速v(m/s)驶过空间频率$n(\mathrm{m}^{-1})$的路面平整度时，时间频率$f(\mathrm{s}^{-1})$是v与n的乘积$f=v\cdot n$，则$G_x(f)=\frac{1}{v}G_x(n)$，由此可得路面平整度的时间功率谱密度的表达式为：

$$G_x(f)=\frac{1}{v}G_x(n_0)\left(\frac{n}{n_0}\right)^{-2}=G_x(n_0)n_0^2\,\frac{v}{f^2} \tag{3-9}$$

路面平整度等级如表3-1所示。

表3-1 路面平整度等级

路面等级	$G_x(n_0)\times10^{-6}\ \mathrm{m}^2/\mathrm{m}^{-1}$，$n_0=0.1\ \mathrm{m}^{-1}$		
	下限	几何平均值	上限
A	8	16	32
B	32	64	128
C	128	256	512
D	512	1024	2048

续表

路面等级	$G_x(n_0)\times10^{-6}\,m^2/m^{-1},n_0=0.1\,m^{-1}$		
	下限	几何平均值	上限
E	2048	4096	8192
F	8192	16384	32768
G	32768	65536	131072
H	131072	262144	524288

3.2.4　车辆振动模型

在车辆行驶过程中，路面的不平整会激起汽车的振动。当这种振动达到一定程度时，将使乘客感到不适和疲劳。同时，路面激起的车辆动荷载会缩短汽车行驶的寿命，加剧路面的破坏。为了预先根据路面的具体状况和车辆的运动状况估计车辆的动荷载，有必要研究运动车辆随机荷载及其激励下的路面动力响应。

图 3-1 为单轮双自由度车辆振动模型，也是最为简单和常用的车辆振动模型。车辆上部结构看作刚性体，质量记为 m_2，也即簧载质量；每个轮轴的轮胎质量为 m_1；K_t 为汽车轮胎刚度系数；K 为汽车悬架刚度系数；C_t 为汽车轮胎阻尼系数；C 为汽车悬架阻尼系数；m_2 和 m_1 的竖向位移分别为 Z_2 和 Z_1。

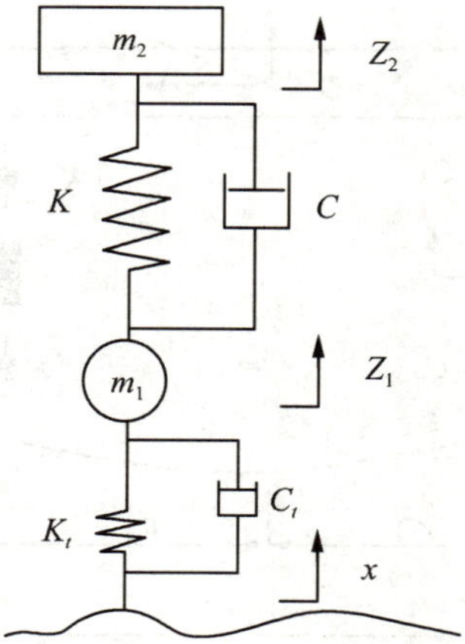

图 3-1　单轮双自由度车辆振动模型

由于轮胎的阻尼较小，因而在计算时，很多学者忽略掉轮胎的阻尼。

图 3-2 为考虑人体质量的三自由度车辆振动模型。m_s 为一个人体（即驾驶员）和座椅质量之半；m 为簧载质量，即车身部分质量，包括所有车身弹簧悬架的汽

车部件，如车架、车身和货厢等；m_t 为非簧载质量，即轮胎质量；K_s 为座椅刚度系数之半；K 为车身悬架刚度系数；K_t 为轮胎刚度系数；C_s 为座椅阻尼系数之半；C 为悬架阻尼系数；Z_s 为座椅垂直位移；Z 为车身垂直位移；Z_t 为轮轴垂直位移；x 为路面平整度激励。

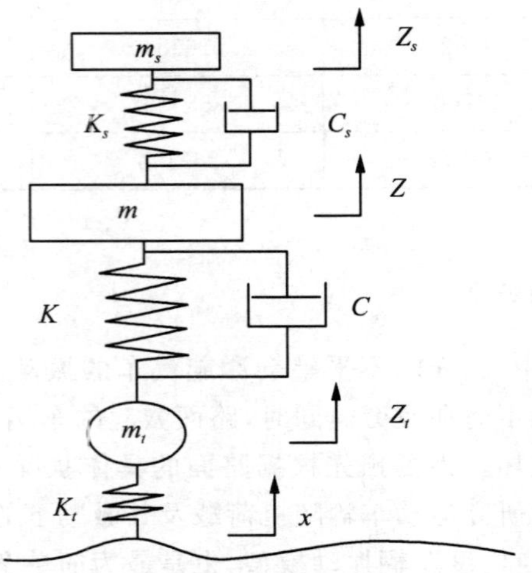

图 3-2　三自由度车辆振动模型

四自由度[124]的车辆振动模型如图 3-3 所示。四个自由度分别是前轮胎、后轮胎、车架质心的位移 Y 坐标以及车架绕其质心的转角 α。

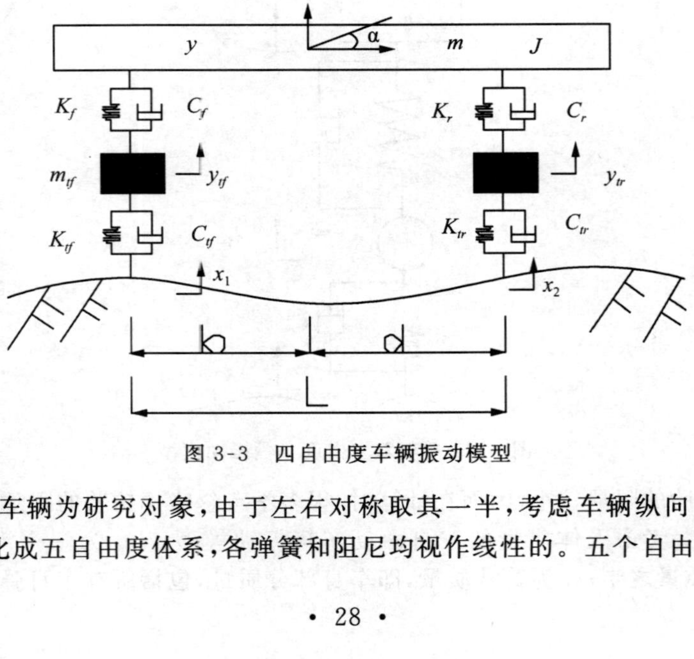

图 3-3　四自由度车辆振动模型

以双轴车辆为研究对象，由于左右对称取其一半，考虑车辆纵向的倾覆和转动，将其简化成五自由度体系，各弹簧和阻尼均视作线性的。五个自由度分别为座椅、前轮胎、后轮胎、车架质心的位移坐标以及车架绕其质心的转角，如图 3-4 所示。

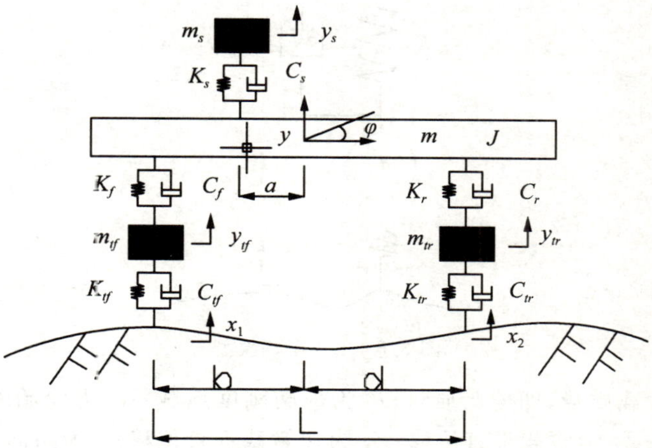

图 3-4　五自由度车辆振动模型

以上是较为常用的几种车辆振动模型，还有一些比较复杂、考虑因素更为全面的模型，例如七自由度车辆振动模型、四轴车辆十自由度模型、十一自由度非线性汽车振动模型。

因此，要按照汽车的实际振动情况来研究动荷载问题是一个相当复杂的问题，需要考虑研究者的目的、路面的平整度情况、采用的路面函数以及计算简化而又与实际情况接近等诸多因素。

3.3　二自由度车辆振动模型及动荷载的计算

3.3.1　二自由度车辆振动模型

自由度越多，求解越困难，而自由度过少会导致结果和实际偏离太远。在此，首先采用二自由度振动系统，即 1/4 车辆模型，忽略轮胎的阻尼，如图 3-5 所示。

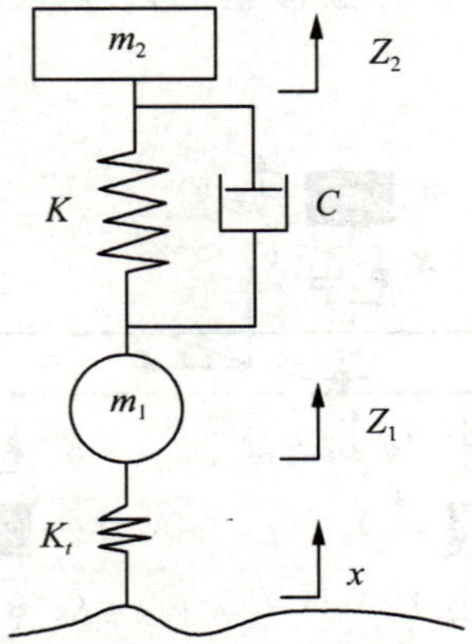

图 3-5　1/4 车辆模型

m_1 为非簧载质量，即轮胎质量；K 为悬架刚度系数；K_t 为轮胎刚度系数；C 为悬架阻尼系数；Z_2 为簧载垂直位移；Z_1 为非簧载垂直位移；x 为路面平整度激励。

由牛顿运动定律可得出图 3-5 所示车辆模型的运动方程为：

$$m_2\ddot{Z}_2+C(\dot{Z}_2-\dot{Z}_1)+K(Z_2-Z_1)=0 \tag{3-10}$$

$$m_1\ddot{Z}_1+C(\dot{Z}_1-\dot{Z}_2)+K(Z_1-Z_2)+K_t(Z_1-x)=0 \tag{3-11}$$

3.3.2　动荷载幅频特性求解

随机过程理论指出，对于平稳过程中的输入，线性时不变系统的输出也是平稳过程。对于一个线性系统，受到振幅为 x_0、频率为 ω 的 $x_0e^{i\omega t}$ 激励，经过一个瞬态滞后，该线性系统的稳态响应输出与输入形式类似，表示为：

$$Z_1=Z_{10}e^{i(\omega t+\varphi)},Z_2=Z_{20}e^{i(\omega t+\varphi)} \tag{3-12}$$

式中：Z_{10}——m_1 的振幅；

Z_{20}——m_2 的振幅。

在 1/4 车辆模型中，车轮和车身质量块的速度和加速度可分别写为：

$$\dot{Z}_1=i\omega Z_1\ddot{Z}_1=-\omega^2 Z_1 \tag{3-13}$$

$$\dot{Z}_2=i\omega Z_2\ddot{Z}_2=-\omega^2 Z_2 \tag{3-14}$$

将式(3-13)和式(3-14)分别代入式(3-10)和式(3-11)中，可得：

$$Z_2(-\omega^2 m_2+i\omega C+K)=Z_1(i\omega C+K) \tag{3-15}$$

$$Z_1(\omega^2 m_1+i\omega C+K+K_t)=Z_2(i\omega C+K)+xK_t \tag{3-16}$$

由式(3-15)可得：

$$Z_2=\frac{i\omega C+K}{-\omega^2 m_2+K+i\omega C}Z_1 \tag{3-17}$$

将式(3-17)代入式(3-16)，即可解得 Z_1-x 的频响函数：

$$H(\omega)=\frac{Z_1}{x}=\frac{A_2k_t}{A_3A_2-A_1^2} \tag{3-18}$$

其中：

$$A_1=\mathrm{i}\omega C+K,A_2=-\omega^2m_2+K+\mathrm{i}\omega C,A_3=-\omega^2m_1+K+K_t+\mathrm{i}\omega C$$

对式(3-18)的分子、分母进行复数运算，然后求模，就可得到幅频特性：

$$|H(\omega)|=\left|\frac{Z_1}{x}\right| \tag{3-19}$$

3.3.3　路面随机输入下的动荷载系数均值计算

车轮的响应功率谱密度和激励功率谱密度之间存在如下关系：

$$G_z(f)=|H(\omega)|^2G_x(f) \tag{3-20}$$

车辆静荷载为：

$$G=(m_1+m_2)g$$

车轮动荷载为：

$$F_d=K_t(Z_1-x)$$

动荷载系数指车辆轮轴振动产生的竖向荷载和车辆静荷载之间的比值，即：

$$DLC=\frac{F_d}{G}$$

DLC 对路面平整度激励 x 的频响函数为：

$$H(\omega)_{F_d-x}=\frac{F_d}{Gx}=\frac{K_t(Z_1-x)}{Gx}=\left(\frac{A_2k_t}{A_3A_2-A_1^2}-1\right)\frac{K_t}{(m_1+m_2)g} \tag{3-21}$$

根据式(3-20)和式(3-21)，求得动荷载系数的功率谱密度。

$$G_{F_d/G}(f)=|H(\omega)_{F_d-x}|^2G_x(f) \tag{3-22}$$

从统计意义上来讲，车辆动荷载正负的概率相等，动荷载的均值为 0，动荷载系数的平均值也为 0，其方差就等于均方值。

$$\sigma_{F_d/G}^2=\int_0^\infty G_{F_d/G}(f)\mathrm{d}f=\int_0^\infty |H(\omega)_{F_d-x}|^2G_x(f)\mathrm{d}f=\mu_{F_d/G}^2 \tag{3-23}$$

将式(3-21)和式(3-22)代入式(3-23)，得：

$$\begin{aligned}\mu_{F_d/G}^2&=\int_0^\infty |H(\omega)_{F_d-x}|^2G_x(f)\mathrm{d}f\\&=\int_0^\infty \left|\left(\frac{A_2k_t}{A_3A_2-A_1^2}-1\right)\frac{K_t}{(m_1+m_2)g}\right|^2G_x(n_0)n_0^2\ \frac{v}{f^2}\mathrm{d}f\end{aligned} \tag{3-24}$$

对式(3-24)计算出的结果开方，就得到动荷载系数的均值。

式(3-24)中的幅频特性表达式比较复杂，难以用解析的方法进行积分，一般采用数值积分的方法。在此，一般采用 MATLAB 编程求解。

3.3.4 动荷载系数计算实例

某重货车的参数：轮胎质量 $m_1=1000$ kg，簧载质量 $m_2=9200$ kg，悬架刚度系数 $K=500000$ N/m，轮胎刚度系数 $K_t=5000000$ N/m，悬架阻尼系数 $C_2=15000$ N·s/m。

3.3.4.1 动荷载系数功率谱密度和激振频率之间的关系

经过程序计算，得到高等级公路在 120 km/h 和 80 km/h 车速下的动荷载系数功率谱密度和激振频率之间的关系，如图 3-6 和图 3-7 所示；低等级公路在 60 km/h和 40 km/h 车速下的动荷载系数功率谱密度和激振频率之间的关系，如图 3-8 和图 3-9 所示。

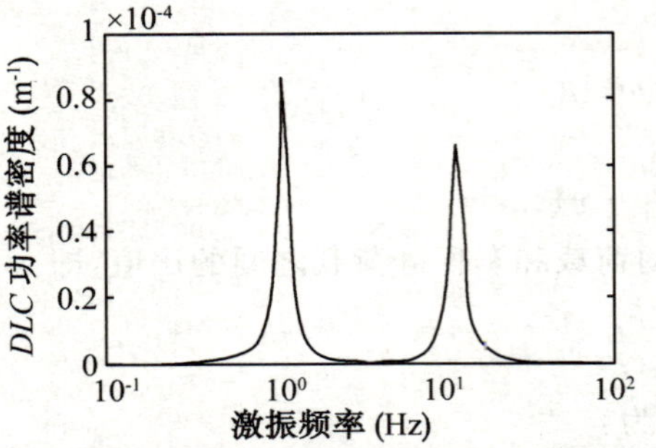

图 3-6 高等级公路动荷载系数功率谱密度与激振频率之间的关系（$v=120$ km/h）

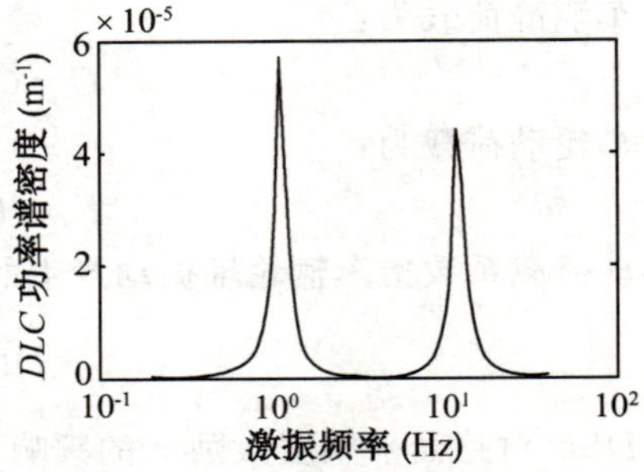

图 3-7 高等级公路动荷载系数功率谱密度与激振频率之间的关系（$v=80$ km/h）

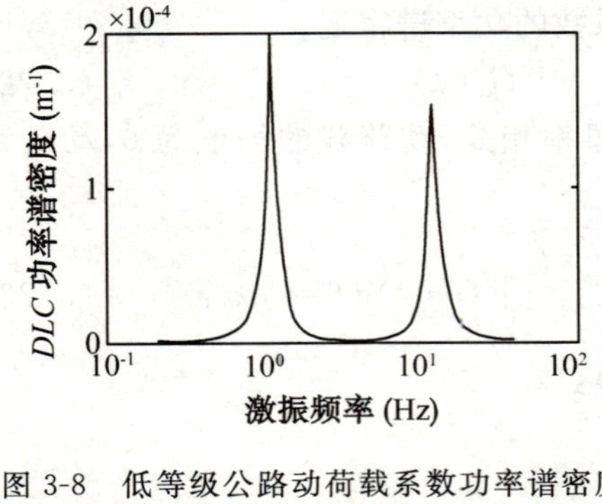

图 3-8 低等级公路动荷载系数功率谱密度与激振频率之间的关系（$v=60$ km/h）

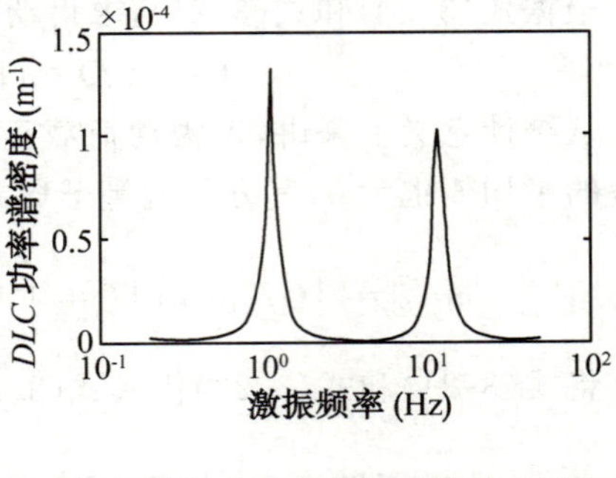

图 3-9 低等级公路动荷载系数功率谱密度与激振频率之间的关系（$v=40$ km/h）

可以看出，车辆受路面平整度激励，出现了两个共振频率，分别在 1 Hz 和 10 Hz左右。当车辆以一定的速度驶过，空间频率达到 1 Hz 和 10 Hz 时，车辆共振，动荷载系数最大。

3.3.4.2　动荷载系数和车速之间的关系

利用式(3-23)对不同情况的动荷载系数进行计算并开方,得到的计算结果如表 3-2 所示。将表中的数据整理分析,得出动荷载系数和车辆速度之间的关系曲线(见图 3-10)。

表 3-2　不同公路等级的动荷载系数

高等级公路		低等级公路	
时速(km/h)	动荷载系数	时速(km/h)	动荷载系数
120	0.0522	80	0.129
100	0.0467	60	0.1122
80	0.0426	40	0.0648
60	0.0369	20	0.0458

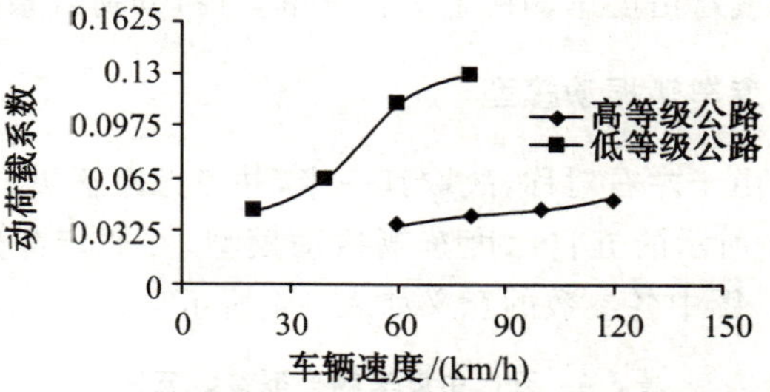

图 3-10　车辆速度和动荷载系数之间的关系曲线

可以看出,动荷载系数均值随着车速的提高而增大,高等级公路增长趋势比较缓慢,低等级公路增长趋势比较快。低等级公路的动荷载远高于高等级公路的动荷载系数,这说明路面平整度对动荷载大小的影响较大。

3.3.5　动荷载系数和装载货物质量之间的关系

m_2 为簧载质量,表示车辆悬架、车厢和装载货物的质量之和,因而 m_2 的大小和装载货物直接相关。为了研究动荷载系数和装载质量之间的关系,分别取 12000 kg、8000 kg 和 4000 kg,分别计算高等级公路在 100 km/h 等级和低等级公路在 60 km/h 条件下的动荷载系数,计算结果如表 3-3 所示。

表 3-3　动荷载计算表

公路等级	车辆时速(km/h)	$m_2=12000$ kg		$m_2=8000$ kg		$m_2=4000$ kg	
		动荷载系数	动荷载均值(kN)	动荷载系数	动荷载均值(kN)	动荷载系数	动荷载均值(kN)
高等级公路	100	0.0372	4.464	0.0526	4.208	0.0921	3.684
低等级公路	60	0.0801	9.612	0.1131	9.048	0.1981	7.924

注：本表中的动荷载系数为动荷载系数均值。

可以看出，随着装载货物质量的减少，动荷载系数大幅增加。由于货物重量减轻，产生的动荷载有一定的下降，但下降较少。

3.4　五自由度车辆振动模型及动荷载的计算

二自由度仿真模型是将车辆看作一个整体，无法反映车辆前、后轮轴相互影响的作用。为此，采用五自由度车辆模型进行求解，分析动荷载系数的大小。

3.4.1　五自由度车辆振动模型

对于双轴汽车，由于左右对称，故取其一半，并考虑车辆纵向的倾覆和转动，将车辆简化为如图 3-4 所示的五自由度车辆振动模型，并假定弹簧刚度系数和阻尼系数均为线性系数。图中各参数的意义如表 3-4 所示。

表 3-4　五自由度车辆模型参数意义

符号	意义	符号	意义
K_s	座椅刚度系数	m	车架和装载物质量
K_{tf}	前轮胎刚度系数	I	车架绕质心的转动惯量
K_{tr}	后轮胎刚度系数	a	座椅中心至车架质心的距离
K_f	前悬挂刚度系数	b	后轮中心至车架质心的距离
K_r	后悬挂刚度系数	d	前轮中心至车架质心的距离
C_s	座椅阻尼系数	L	前后轮中心距离，$L=b+d$
C_{tf}	前轮胎阻尼系数	y_s	座椅的位移坐标
C_{tr}	后轮胎阻尼系数	y_{tf}	前轮的位移坐标
C_f	前悬挂阻尼系数	y_{tr}	后轮的位移坐标
C_r	后悬挂阻尼系数	y	悬架的位移坐标

续表

符号	意义	符号	意义
m_s	座椅和驾驶员质量的一半	x_1	前轮下方路面位移坐标
m_{tf}	前轮胎质量	x_2	后轮下方路面位移坐标
m_{tr}	后轮胎质量	φ	悬架绕其质心的转角

该车辆模型悬架在 K_s 和 C_s 处 m 的位移为 $y-a\varphi$；在 K_f 和 C_f 处 m 的位移为 $y-d\varphi$；在 K_r 和 C_r 处 m 的位移为 $y+b\varphi$。

m_s 的振动方程为：

$$m_s\ddot{y}_s=-K_s[y_s-(y-a\varphi)]-C_s[\dot{y}_s-(\dot{y}-a\dot{\varphi})] \tag{3-25}$$

移项得：

$$m_s\ddot{y}_s+K_sy_s-K_sy+K_sa\varphi+C_s\dot{y}_s-C_s\dot{y}+C_sa\dot{\varphi}=0 \tag{3-26}$$

m_{tf} 的振动方程为：

$$m_{tf}\ddot{y}_{tf}=-K_f[y_{tf}-(y-d\varphi)]-C_f[\dot{y}_{tf}-(\dot{y}-d\dot{\varphi})]-K_{tf}(y_{tf}-x_1)-C_{tf}(\dot{y}_{tf}-\dot{x}_1)=0 \tag{3-27}$$

移项得：

$$m_{tf}\ddot{y}_{tf}+(K_f+K_{tf})y_{tf}-K_fy+K_fd\varphi+(C_f+C_{tf})\dot{y}_{tf}-C_f\dot{y}+C_fd\dot{\varphi}-K_{tf}x_1-C_{tf}\dot{x}_1=0 \tag{3-28}$$

m_{tr} 的振动方程：

$$m_{tr}\ddot{y}_{tr}=-K_r[y_{tr}-(y+b\varphi)]-C_r[\dot{y}_{tr}-(\dot{y}+b\dot{\varphi})]-K_{tr}(y_r-x_2)-C_{tr}(\dot{y}_{tr}-\dot{x}_2)=0 \tag{3-29}$$

移项得：

$$\begin{aligned}m_{tr}\ddot{y}_{tr}&+(K_r+K_{tr})y_{tr}-K_ry+K_rb\varphi+(C_r+C_{tr})\dot{y}_{tr}-C_r\dot{y}\\&+C_rb\dot{\varphi}-K_{tr}x_2-C_{tr}\dot{y}_2=0\end{aligned} \tag{3-30}$$

m 垂向振动方程为：

$$\begin{aligned}m\ddot{y}=&-K_s(y-a\varphi-y_s)-C_s(\dot{y}-a\dot{\varphi}-\dot{y}_s)-K_f(y-d\varphi-y_{tf})\\&-C_f(\dot{y}-d\dot{\varphi}-\dot{y}_{tf})-K_r(y+b\varphi-y_{tr})-C_r(\dot{y}+b\dot{\varphi}-\dot{y}_{tr})\end{aligned} \tag{3-31}$$

移项后得：

$$\begin{aligned}&m\ddot{y}+(K_s+K_f+K_r)y-(aK_s+dK_f-bK_r)\varphi-(aC_s+dC_f-bC_r)\dot{\varphi}\\&+(C_s+C_f+C_r)\dot{y}-K_sy_s-C_s\dot{y}_s-K_fy_{tf}-C_f\dot{y}_{tf}-K_ry_{tr}-C_r\dot{y}_{tr}=0\end{aligned} \tag{3-32}$$

m 转动方程为：

$$I\ddot{\varphi}=aK_s(y-a\varphi-y_s)+aC_s(\dot{y}-a\dot{\varphi}-\dot{y}_s)-dK_f(y-d\varphi-y_{tf})$$
$$-dC_f(\dot{y}-d\dot{\varphi}-\dot{y}_{tf})-bK_r(y+b\varphi-y_{tr})-bC_r(\dot{y}+b\dot{\varphi}-\dot{y}_{tr}) \tag{3-33}$$

移项得：

$$I\ddot{\varphi}-(aK_s+dK_f-bK_r)y-(aC_s+dC_f-bC_r)\dot{y}-(a^2K_s+d^2K_f+b^2K_r)\varphi$$
$$+(a^2C_s+d^2C_f+b^2C_r)\dot{\varphi}+aK_sy_s+aC_s\dot{y}_s+dK_fy_{tf}+dC_f\dot{y}_{tf}-bK_ry_{tr}-bC_r\dot{y}_{tr}=0 \tag{3-34}$$

3.4.2 五自由度车辆振动模型幅频特性求解

对式(3-26)、式(3-28)、式(3-30)、式(3-32)和式(3-34)进行傅里叶变换，得：

$$-\omega^2m_s\hat{y}_s+K_s\hat{y}_s-K_s\hat{y}+K_sa\hat{\varphi}+\mathrm{i}\omega C_s\hat{y}_s-\mathrm{i}\omega C_s\hat{y}+\mathrm{i}\omega C_sa\hat{\varphi}=0 \tag{3-35}$$

$$[-\omega^2m_{tf}+K_f+K_{tf}+\mathrm{i}\omega(C_f+C_{tf})]\hat{y}_{tf}+(-K_f-\mathrm{i}\omega C_f)\hat{y}$$
$$+(K_fd+\mathrm{i}\omega C_fd)\hat{\varphi}=(K_{tf}+\mathrm{i}\omega C_{tf})\hat{x}_1 \tag{3-36}$$

$$-\omega^2m_{tr}\hat{y}_{tr}+(K_r+K_{tr})\hat{y}_{tr}-K_r\hat{y}+K_rb\hat{\varphi}+\mathrm{i}\omega(C_r+C_{tr})\hat{y}_{tr}-\mathrm{i}\omega C_r\hat{y}$$
$$+\mathrm{i}\omega C_rb\hat{\varphi}-K_{tr}\hat{x}_2-\mathrm{i}\omega C_{tr}\hat{x}_2=0 \tag{3-37}$$

$$-\omega^2m\hat{y}+(K_s+K_f+K_r)\hat{y}-(aK_s+dK_f-bK_r)\hat{\varphi}-\mathrm{i}\omega(aC_s+dC_f-bC_r)\hat{\varphi}$$
$$+\mathrm{i}\omega(C_s+C_f+C_r)\hat{y}-K_s\hat{y}_s-\mathrm{i}\omega C_s\hat{y}_s-K_f\hat{y}_{tf}-\mathrm{i}\omega C_f\hat{y}_{tf}-K_r\hat{y}_{tr}-\mathrm{i}\omega C_r\hat{y}_{tr}=0 \tag{3-38}$$

$$-\omega^2I\hat{\varphi}-(aK_1+dK_2-bK_4)\hat{y}-\mathrm{i}\omega(aC_1+dC_2-bC_4)\hat{y}-(a^2K_1+d^2K_2+b^2K_4)\hat{\varphi}$$
$$+\mathrm{i}\omega(a^2C_1+d^2C_2+b^2C_4)\hat{\varphi}+aK_1\hat{y}_1+\mathrm{i}\omega aC_1\hat{y}_1+dK_2\hat{y}_2$$
$$+\mathrm{i}\omega dC_2\hat{y}_2-bK_4\hat{y}_3-\mathrm{i}\omega bC_4\hat{y}_3=0 \tag{3-39}$$

其中，上标符号表示为傅里叶变换后的频域表达式，整理可得：

$$(-\omega^2m_s+K_s+\mathrm{i}\omega C_s)\hat{y}_s+(-K_s-\mathrm{i}\omega C_s)\hat{y}+(K_sa+\mathrm{i}\omega C_sa)\hat{\varphi}=0 \tag{3-40}$$

$$[-\omega^2m_{tf}+K_f+K_{tf}+\mathrm{i}\omega(C_f+C_{tf})]\hat{y}_{tf}+(-K_f-\mathrm{i}\omega C_f)\hat{y}$$
$$+(K_fd+\mathrm{i}\omega C_fd)\hat{\varphi}=(K_{tf}+\mathrm{i}\omega C_{tf})\hat{x}_1 \tag{3-41}$$

$$[-\omega^2m_{tr}+(K_r+K_{tr})+\mathrm{i}\omega(C_r+C_{tr})]\hat{y}_{tr}+(-K_r-\mathrm{i}\omega C_r)\hat{y}$$
$$+(K_rb+\mathrm{i}\omega C_rb)\hat{\varphi}=(K_{tr}+\mathrm{i}\omega C_{tr})\hat{x}_2 \tag{3-42}$$

$$(-K_s-\mathrm{i}\omega C_s)\hat{y}_s+(-K_f-\mathrm{i}\omega C_f)\hat{y}_{tf}+(-K_f-\mathrm{i}\omega C_f)\hat{y}_{tf}+[-\omega^2m+(K_s+K_f+K_r)$$
$$+\mathrm{i}\omega(C_s+C_f+C_r)]\hat{y}+[-(aK_s+dK_f-bK_r)-\mathrm{i}\omega(aC_s+dC_f-bC_r)]\hat{\varphi}=0 \tag{3-43}$$

$$(aK_s+\mathrm{i}\omega aC_s)\hat{y}_s+(dK_f+\mathrm{i}\omega dC_f)\hat{y}_{tf}+(-bK_r-\mathrm{i}\omega bC_r)\hat{y}_{tr}+[-(aK_s+dK_f-bK_r)$$
$$-\mathrm{i}\omega(aC_s+dC_f-bC_r)]\hat{y}+[-\omega^3J-(a^2K_s+d^2K_f+b^2K_r)$$

$$+\mathrm{i}\omega(a^2C_s+d^2C_f+b^2C_r)]\hat{\varphi}=0 \tag{3-44}$$

式(3-40)至式(3-44)是关于$\hat{y}_1,\hat{y}_2,\hat{y}_3,\hat{\varphi},\hat{y}$的线性方程组，写成矩阵的形式，得：

$$[M][Y]=[X]$$

$$[M]=\begin{bmatrix} a_{11} & 0 & 0 & a_{14} & a_{15} \\ 0 & a_{22} & 0 & a_{24} & a_{25} \\ 0 & 0 & a_{33} & a_{34} & a_{35} \\ a_{41} & a_{42} & a_{43} & a_{44} & a_{45} \\ a_{51} & a_{52} & a_{53} & a_{54} & a_{55} \end{bmatrix}$$

$$[Y]=\begin{bmatrix} \hat{y}_s \\ \hat{y}_{tf} \\ \hat{y}_{tr} \\ \hat{y} \\ \hat{\varphi} \end{bmatrix}$$

$$[X]=\begin{bmatrix} 0 \\ (K_{tf}+\mathrm{i}\omega C_{tf})\hat{x}_1 \\ (K_{tr}+\mathrm{i}\omega C_{tr})\hat{x}_2 \\ 0 \\ 0 \end{bmatrix}$$

其中，

$$a_{11}=-\omega^2m_s+K_s+\mathrm{i}\omega C_s, a_{14}=-K_s-\mathrm{i}\omega C_s, a_{15}=K_sa+\mathrm{i}\omega C_sa$$

$$a_{22}=-\omega^2m_{tf}+K_f+K_{tf}+\mathrm{i}\omega(C_f+C_{tf}), a_{24}=-K_f-\mathrm{i}\omega C_f, a_{25}=K_fd+\mathrm{i}\omega C_fd$$

$$a_{33}=-\omega^2m_{tr}+(K_r+K_{tr})+\mathrm{i}\omega(C_r+C_{tr}), a_{34}=-K_r-\mathrm{i}\omega C_r, a_{35}=K_rb+\mathrm{i}\omega C_rb$$

$$a_{41}=-K_s-\mathrm{i}\omega C_s, a_{42}=-K_f-\mathrm{i}\omega C_f, a_{43}=-K_r-\mathrm{i}\omega C_r$$

$$a_{44}=-\omega^2m+(K_s+K_f+K_r)+\mathrm{i}\omega(C_s+C_f+C_r)$$

$$a_{45}=-(aK_s+dK_f-bK_r)-\mathrm{i}\omega(aC_s+dC_f-bC_r)$$

$$a_{51}=aK_s+\mathrm{i}\omega aC_s, a_{52}=dK_f+\mathrm{i}\omega dC_f, a_{53}=-bK_r-\mathrm{i}\omega bC_r$$

$$a_{54}=-(aK_s+dK_f-bK_r)-\mathrm{i}\omega(aC_s+dC_f-bC_r)$$

$$a_{55}=-\omega^2I-(a^2K_s+d^3K_f+b^2K_r)+\mathrm{i}\omega(a^2C_s+d^2C_f+b^2C_r)$$

由于车辆模型为 1/2 车辆模型，设前后轴距为 L，则后轮行驶轨迹和前轮一致，只是在时间上滞后 $\Delta t=L/v$，因而前后轮行驶的路面平整度功率谱密度在相位上滞后 $\omega\Delta t$。

设路面平整度功率谱密度为$\hat{x}$，则有：

$$\hat{x}_1=\hat{x}, \hat{x}_2=\hat{x}\mathrm{e}^{-\mathrm{i}\omega\Delta t}$$

所以，

$$[X]=\begin{bmatrix}0\\(K_{tf}+\mathrm{i}\omega C_{tf})\hat{x}_1\\(K_{tr}+\mathrm{i}\omega C_{tr})\hat{x}_2\\0\\0\end{bmatrix}=\begin{bmatrix}0\\(K_{tf}+\mathrm{i}\omega C_{tf})\hat{x}\\(K_{tr}+\mathrm{i}\omega C_{tr})\mathrm{e}^{-\mathrm{i}\omega\Delta t}\hat{x}\\0\\0\end{bmatrix}$$

将方程[M][Y]＝[X]左右两边同除以$\hat{x}$,则在方程[M][Y]＝[X]中，[Y]变为：

$$[H]=\begin{bmatrix}\hat{y}_s/\hat{x}\\\hat{y}_{tf}/\hat{x}\\\hat{y}_{tr}/\hat{x}\\\hat{y}/\hat{x}\\\hat{\varphi}/\hat{x}\end{bmatrix}=\begin{bmatrix}H_1\\H_2\\H_3\\H_4\\H_5\end{bmatrix}$$

[X]变为：

$$[X]=\begin{bmatrix}0\\K_{tf}+\mathrm{i}\omega C_{tf}\\(K_{tr}+\mathrm{i}\omega C_{tr})\mathrm{e}^{-\mathrm{i}\omega\Delta t}\\0\end{bmatrix}$$

通过求解方程[M][H]＝[X],就可以解出$\hat{y}_1$,$\hat{y}_2$,$\hat{y}_3$,$\hat{y}$,$\hat{\varphi}$和$\hat{x}$之间的传递函数,即频响函数 H。

3.4.3 五自由度振动模型前后轮动荷载系数求解

车辆静荷载为：

$$G=(m_{tf}+m_{tr}+m+m_s)g \tag{3-45}$$

车辆前轮动荷载为：

$$F_{df}=K_{tf}(y_{tf}-x_1)+C_{tf}(\dot{y}_{tf}-\dot{x}_1) \tag{3-46}$$

则动荷载系数为：

$$DLC=\frac{F_{df}}{G}$$

为了求出动荷载系数对路面平整度激励 x 的频响函数,将式(3-46)进行傅里叶变换,得：

$$\hat{F}_{df}=K_{tf}(\hat{y}_{tf}-\hat{x}_1)+\mathrm{i}\omega C_{tf}(\hat{y}_{tf}-\hat{x}_1) \tag{3-47}$$

则前轮动荷载系数对路面平整度激励的频响函数为：

$$H(\omega)_{DLCf-x}=\frac{\hat{F}_{df}}{G\hat{x}}=\frac{K_{tf}(\hat{y}_{tf}-\hat{x}_1)+\mathrm{i}\omega C_{tf}(\hat{y}_{tf}-\hat{x}_1)}{G\hat{x}}$$

$$=\frac{(K_{tf}+\mathrm{i}\omega C_{tf})\hat{y}_{tf}-(K_{tf}+\mathrm{i}\omega C_{tf})\hat{x}_1}{G\hat{x}}$$

$$=\frac{(K_{tf}+\mathrm{i}\omega C_{tf})H_2-(K_{tf}+\mathrm{i}\omega C_{tf})}{G} \tag{3-48}$$

动荷载系数的功率谱密度[15]为：

$$G_{DLCf/G}(f)=|H(\omega)_{DLCf-x}|^2G_x(f) \tag{3-49}$$

同样的道理，后轮动荷载为：

$$F_{dr}=K_{tr}(y_{tr}-x_2)+C_{tr}(\dot{y}_{tf}-\dot{x}_2) \tag{3-50}$$

进行傅里叶变换，得：

$$\hat{F}_{dr}=K_{tr}(\hat{y}_{tr}-\hat{x}_2)+\mathrm{i}\omega C_{tr}(\hat{y}_{tr}-\hat{x}_2) \tag{3-51}$$

则后轮动荷载系数对路面平整度激励的频响函数为：

$$H(\omega)_{DLCr-x}=\frac{\hat{F}_{dr}}{G\hat{x}}=\frac{K_{tr}(\hat{y}_{tr}-\hat{x}_2)+\mathrm{i}\omega C_{tr}(\hat{y}_{tr}-\hat{x}_2)}{G\hat{x}}$$

$$=\frac{(K_{tr}+\mathrm{i}\omega C_{tr})\hat{y}_{tr}-(K_{tr}+\mathrm{i}\omega c_{tr})\hat{x}_2}{G\hat{x}}$$

$$=\frac{(K_{tr}+\mathrm{i}\omega C_{tr})H_3-(K_{tr}+\mathrm{i}\omega C_{tr})\mathrm{e}^{-\mathrm{i}\omega\Delta t}}{G} \tag{3-52}$$

求得动荷载系数的功率谱密度为：

$$G_{DLCr/G}(f)=|H(\omega)_{DLCr-x}|^2G_x(f) \tag{3-53}$$

从统计意义上来讲，车辆动荷载正负的概率相等，动荷载的均值为 0，动荷载系数的均值也为 0，其方差就等于均方值。

$$\sigma^2_{F_d/G}=\int_0^\infty G_{DLC/G}(f)\mathrm{d}f=\int_0^\infty |H(\omega)_{DLC-x}|^2G_x(f)\mathrm{d}f \tag{3-54}$$

将式(3-52)和式(3-53)代入式(3-54)，就可以得到前后轮动荷载系数的方差，即其均方值，从而求得动荷载系数均值。

同样，式(3-54)中的幅频特性表达式非常复杂，无法用解析的方法进行积分，可采用 MATLAB 将其编译成计算程序求解。

3.4.4 路面平整度指标间的关系及取值

国际平整度指数(IRI)、连续平整度仪测定的标准差(σ)和路面功率谱密度(PSD)是评价路面平整度的三大指标，前两者对应道路工程，后者在车辆学科中的研究较多。

3.4.4.1　路面平整度功率谱密度

路面平整度功率谱密度用式(3-55)作为拟合表达式。

$$G_q(n)=G_q(n_0)\left[\frac{n}{n_0}\right]^{-w} \tag{3-55}$$

式中：n——空间频率，是波长 λ 的倒数，表示每米长度内波的个数；

n_0——参考空间频率，取 0.1 m^{-1}；

$G_q(n_0)$——参考空间频率 n_0 下的路面功率谱密度值，大小取决于路面等级。

3.4.4.2　公路工程平整度要求

我国公路沥青路面设计规范规定新建高速公路和一级公路的平整度应满足 $IRI<2.0$ m/km，$\sigma<1.0$ mm[125]；公路沥青路面施工技术规范规定新建高速公路和一级公路上面层平整度应满足 $\sigma<1.2$ mm，其他公路 $\sigma<2.5$ mm[126]；水泥混凝土路面施工技术规范规定新建高速公路和一级公路平整度应满足 $IRI<2.0$ m/km，$\sigma<1.2$ mm，其他公路 $IRI<3.2$ m/km，$\sigma<2.0$ mm[127]。

3.4.4.3　平整度指标之间的关系

对于平整度指标 IRI、σ 和 PSD 之间的关系，多位学者进行了研究，得出的结论也基本一致，在此取 $IRI=0.6\sqrt{S_q(n_0)}$，$\sigma=0.6IRI$。结合《公路路线设计规范》（JTG D20—2017）的规定，取高速公路和一级公路的路面功率谱密度 $G_x(n_0)=4\ m^2/m^{-1}$，其他公路 $G_x(n_0)=17\ m^2/m^{-1}$。

3.4.5　实例计算——重型货车

某重型货车的参数：车辆座椅及驾驶员质量的一半 $m_s=100$ kg；前轮胎质量 $m_{tf}=480$ kg；后轮胎质量 $m_{tr}=945$ kg；车架和装载物质量 $m=7885$ kg；车架绕质心的转动惯量 $I=37432\ kg\cdot m^2$；座椅刚度系数 $K_s=2100$ N/m；前悬挂刚度系数 $K_f=150000$ N/m；前轮胎刚度系数 $K_{tf}=2800000$ N/m；后悬挂刚度系数 $K_r=370000$ N/m；后轮胎刚度系数 $K_{tr}=8900000$ N/m；座椅阻尼系数 $C_s=1800$ N·s/m；前悬挂阻尼系数 $C_f=7000$ N·s/m；前轮胎阻尼系数 $C_{tf}=2000$ N·s/m；后悬挂阻尼系数 $C_r=14000$ N·s/m；后轮胎阻尼系数 $C_{tr}=3000$ N·s/m。

座椅中心至车架质心的距离 $a=0.5$ m，后轮中心至车架质心的距离 $b=3.1$ m，前轮中心至车架质心的距离 $d=2.5$ m，前后轮中心距离 $L=b+d$，则前后轮驶过同一地点的时间差为 $\Delta t=L/v$。

经过程序计算，得到高等级公路、其他等级公路的路面和不同车速下的前后轮动荷载系数功率谱密度和激振频率之间的关系。以平整度等级为高等级公路，车辆行驶速度 80 km/h 为例，前后轮动荷载系数功率谱密度和激振频率之间的关系如图 3-11 和图 3-12 所示。

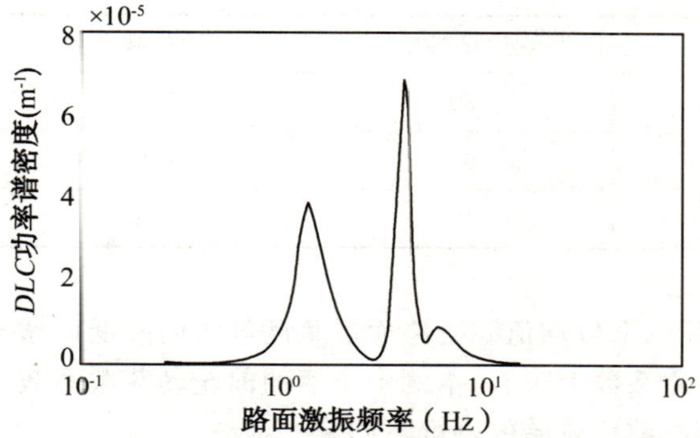

图 3-11　前轮动荷载系数功率谱密度和激振频率之间的关系

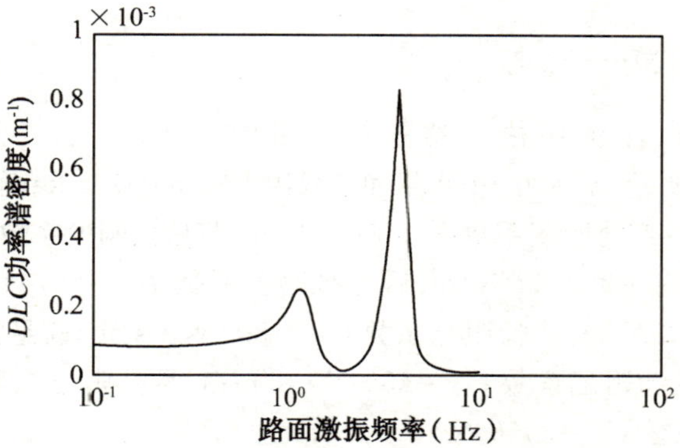

图 3-12　后轮动荷载系数功率谱密度和激振频率之间的关系

可以看出，前轮和后轮都在 1 Hz 和 5 Hz 左右出现共振现象，但前轮在 1 Hz 左右共振明显，而后轮在 5 Hz 左右更明显。

因四级公路车辆较少，车速较慢，所以在此不再计算 30 km/h 和 20 km/h 情况下的动荷载系数。其他不同速度和不同平整度等级路面的动荷载系数如表 3-5 所示。

表 3-5　不同路面等级和不同车速下的动荷载系数均值

路面平整度等级	车辆速度(km/h)	前轮动荷载系数	后轮动荷载系数
高速公路和一级公路	120	0.1290	0.1055
	100	0.1156	0.1066
	80	0.1063	0.0917

续表

路面平整度等级	车辆速度(km/h)	前轮动荷载系数	后轮动荷载系数
其他公路	80	0.1696	0.1140
	60	0.1460	0.0850
	40	0.1185	0.0821

可以看出,动荷载系数均值随着路面平整度等级的降低而增大,随着车速的提高而增大。从动荷载系数上来看,本例中车辆的前轮动荷载系数比后轮略大,这主要是因为质心位置和前后轮胎的刚度不同。

车辆装载质量对动荷载的影响规律和二自由度模型基本一致,在此不再赘述。

3.4.6 实例计算——轿车

某轿车的参数:车辆座椅及驾驶员质量的一半 $m_s=70$ kg;前轮胎质量 $m_{tf}=80$ kg;后轮胎质量 $m_{tr}=80$ kg;车架和装载物质量 $m=1235$ kg;车架绕质心的转动惯量 $I=472$ kg·m^2;座椅刚度系数 $K_s=2100$ N/m;前悬挂刚度系数$K_f=22741$ N/m;前轮胎刚度系数 $K_{tf}=302342$ N/m;后悬挂刚度系数 $K_r=22741$ N/m;后轮胎刚度系数 $K_{tr}=302342$ N/m;座椅阻尼系数 $C_s=1800$ N·s/m;前悬挂阻尼系数 $C_f=1228$ N·s/m;前轮胎阻尼系数 $C_{tf}=450$ N·s/m;后悬挂阻尼系数 $C_r=1228$ N·s/m;后轮胎阻尼系数 $C_{tr}=3450$ N·s/m。

座椅中心至车架质心的距离 $a=0.35$ m,后轮中心至车架质心的距离 $b=0.7$ m,前轮中心至车架质心的距离 $d=0.7$ m,前后轮中心距离 $L=b+d$,则前后轮驶过同一地点的时间差为 $\Delta t=L/v$。

经过程序计算,得到高等级公路、其他等级公路的路面和不同车速下的前后轮动荷载系数功率谱密度和激振频率之间的关系。以平整度等级为高等级公路,车辆行驶速度 100 km/h 为例,前后轮动荷载系数功率谱密度和激振频率之间的关系如图 3-13 和图 3-14 所示。

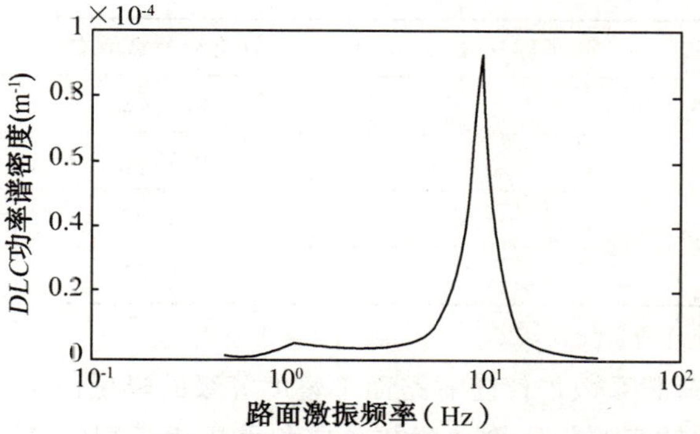

图 3-13　前轮动荷载系数功率谱密度和激振频率之间的关系

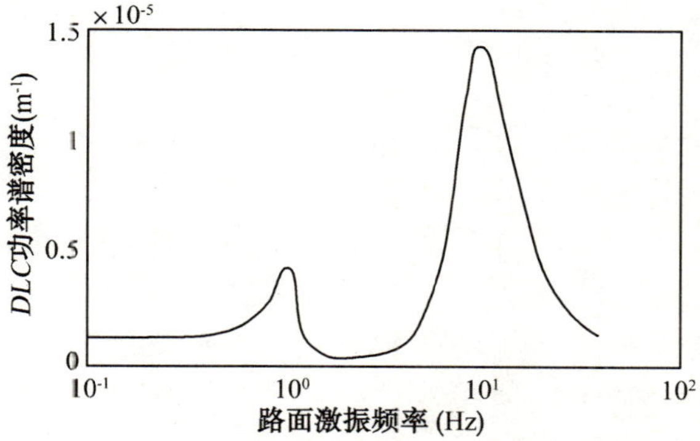

图 3-14　后轮动荷载系数功率谱密度和激振频率之间的关系

可以看出，前轮和后轮都在 1 Hz 和 10 Hz 左右出现共振现象，但前轮在 10 Hz 左右共振更加明显。

不同速度和不同平整度等级路面的动荷载系数如表 3-6 所示。

表 3-6　不同路面等级和不同车速下的动荷载系数均值

路面平整度等级	车辆速度(km/h)	前轮动荷载系数	后轮动荷载系数
高速公路和一级公路	120	0.0728	0.0491
	100	0.0651	0.0458
	80	0.0564	0.0427
	60	0.0487	0.0303

续表

路面平整度等级	车辆速度(km/h)	前轮动荷载系数	后轮动荷载系数
其他公路	100	0.1342	0.0945
	80	0.1163	0.0881
	60	0.1003	0.0799
	40	0.0865	0.0626

可以看出,动荷载系数均值随着路面平整度等级的降低而增大,随着车速的提高而增大。本例中轿车的前后轮动荷载系数和重型货车相同,前轮动荷载系数大于后轮动荷载系数。

第4章　动态路面摩擦系数试验研究

4.1　摩擦系数与行车安全的关系

侧风环境下的公路行车安全主要体现在两个方面:侧滑和侧翻。这两个方面都和路面摩擦系数有较大的相关性,尤其是车辆在遇到较大侧风作用发生侧滑时,和路面的摩擦系数有着直接关系,所以十分有必要对路面处于不同状态时的摩擦系数进行研究。

路面的抗滑性能包括纵向和横向两个方面。纵向抗滑性能决定车辆在刹车时的滑行距离,对避免追尾交通事故的发生有直接决定作用;横向抗滑性能决定车辆的方向控制能力,尤其对车辆在弯道行驶时的安全性非常重要。抗滑性能不足,特别是路面有积水情况下抗滑性能不足,是引发交通事故的重要影响因素。美国运输安全委员会和美国联邦公路局的研究指出,误操作、路面设计不合理、轮胎与路面接触区缺乏足够的摩擦力是导致交通事故的主要因素,13.5%的重大交通事故和18.8%的交通事故是在路面湿滑的情况下发生的。2002年,美国因公路交通事故死亡43000人,受伤300万人,直接或间接经济损失2306亿美元,人均损失820美元,占人均国内生产总值(GDP)的2%。由于受到雨雪天气的影响,我国在2010年年初发生多起高速公路交通事故。文斌等通过大量的调查取得了我国华东地区的三条高速公路有关交通量、降雨量、交通事故和路面横向力系数的数据,并采用雨天事故率、雨天事故危险率对上述数据进行分析,得出了有关雨天事故率、雨天事故危险率与路面抗滑力(SFC)之间的关系[128]。经过分析认为,在交通量、降雨条件基本相同的条件下,雨天事故率受SFC影响非常显著:雨天事故率在路面SFC较小时较高,随着SFC的增大呈减小的趋势。

约瑟(José)通过分析西班牙1750 km道路的摩擦系数和交通事故之间的关系,评估路面条件对交通安全的影响,从而分析提高路面摩擦系数对交通安全的影响。该研究采用SCRIM测试系统分析了路面干湿情况下的摩擦系数变化情况，并和交通事故进行关联分析。研究表明，摩擦系数降低，交通事故明显上升[129]。

4.2 影响路面抗滑性能的因素

影响路面抗滑性能的因素很多，主要有路面本身的构造、轮胎情况、路面附着物情况以及车辆行驶速度。

4.2.1 路面影响因素

路面抗滑性能主要与路表的构造状况有关。国际道路协会常设委员会(Permanent International Association of Road Congresses，PIARC)以路面表面凹凸或起伏不平的纵向波长表征其集合特征，并将它分为四类：细构造、粗构造、宏构造和平整度。分类如图4-1所示，各类别的波长范围与形成原因如表4-1所示。

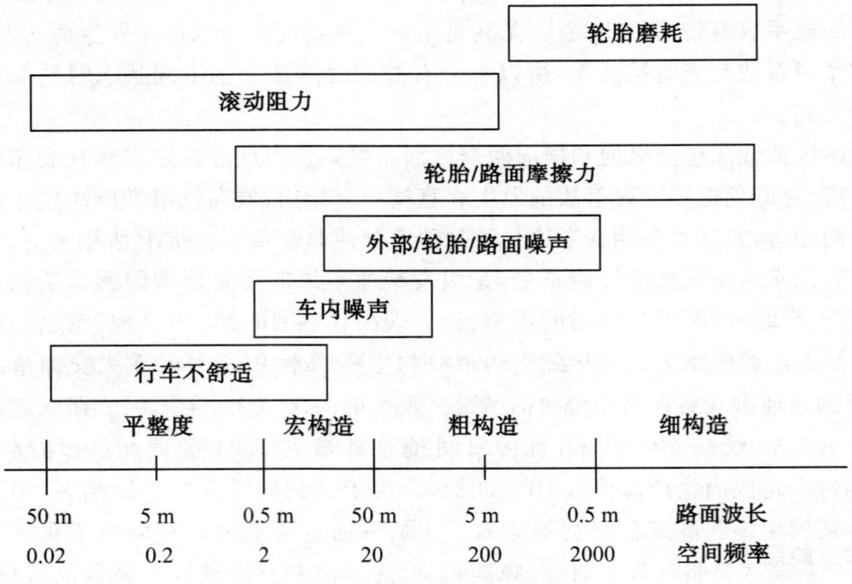

图4-1　路面构造分类

表 4-1　路面表面构造分类

类别	波长范围	形成原因
细构造	0～0.5 mm	水泥砂浆或者沥青胶浆和集料表面的构造
粗构造	0.5～50 mm	混合料组成(集料粒径、形状、空隙和排列) 表面处理(嵌压、裸露、刻槽等)
宏构造	5～50 cm	施工(铺筑和压实方法的规律性) 病害(波浪、车辙、松散、坑槽、错台等)
平整度	短波 0.5～5 m 中波 5～15 m 长波 15～50 m	施工(摊铺和压实) 病害(沉降、冻胀等)

粗构造定义为路面表面的凹凸。轮胎和路面之间的排水能力与粗结构有关。在降水过程中,轮胎与面层表面接触面上的水膜厚度也与粗构造密切有关,常用粗糙或光滑来描述粗构造。粗构造主要影响高速行车时表层的抗滑能力。表面构造深度常用铺砂法测定,也可以用激光式表面构造深度仪测定。表面构造深度愈大,高速行车时表层的抗滑能力也愈大。

细构造表示路面表面或者集料被磨光的程度,指表层石料表面水平方向 0～0.5 mm、垂直方向 0～0.2 mm 的微小构造,也称为石料的"表面纹理"。沥青路面的细构造与集料表面的沥青膜被轮胎磨耗后表面的特征有关。细构造在目前还没有真正意义上的检测设备,常用英国便携式摩擦系数仪(摆式仪)作为替代测试设备。

细构造对轮胎与面层表面的附着力有很大影响。它既影响低速时表层的抗滑能力,也影响高速时表层的抗滑能力。细构造大,轮胎与表面的附着力也大。因此,磨光值越高的石料,在轮胎的长期作用下,越能长时间保持其粗糙的微观构造,路面的抗滑能力也就越好。

4.2.2　轮胎

目前使用的轮胎按胎体结构可分为实心轮胎、充气轮胎和特种轮胎等。充气轮胎分为有内胎和无内胎两种结构;按胎体中帘线的排列方向不同,分为普通斜线胎、子午线胎和带束斜交胎等

轮胎的主要组成部分是轮胎的骨架。它承受耐压负荷和工作负荷,由挂胶帘布贴合构成。帘布层中的帘线都与轮胎的子午断面呈一定角度 β 排列(β 角称"胎冠角")。β 角对轮胎的性能有很大影响,β 角增大将使轮胎的侧面、径向和切向刚

性增大。轮胎侧向刚性增大，将改善汽车的行驶稳定性。但是，轮胎径向刚性增大会使缓冲性能变差。

普通斜线胎的结构特点是相邻帘布层帘线交错排列，帘布层的层数都是偶数，且具有一定的胎冠角，一般为 50°～52°。对于高速行驶的轿车，如采用普通斜线胎，胎冠角一般为 58°～60°。

子午线胎的结构特点是帘线呈子午向排列(胎冠角为 0°)。这样，帘线的强力就能得到充分利用，帘线所承受的负荷比普通斜线胎小，故子午线胎的帘布层比普通斜线胎减少 40%～50%。又因帘线不是交错排列着的，所以帘布层数也可以是奇数。子午线胎比普通斜线胎有使用寿命长、滚动阻力小、附着性能好、缓冲性能好的优越性能。

带束斜交胎和普通斜线胎一样，相邻帘布层的帘线交错排列成人字形，帘布层数为偶数。其胎冠角小于 25°，而带束层(缓冲层)的帘线角度大于 60°，带束层的宽度大约为胎面宽度。帘布层数较子午线胎多，较普通斜线胎少。这种轮胎可看作是普通斜线胎的改进。

对轮胎摩擦性能有显著影响的另一个结构要素是轮胎的胎面花纹。胎面花纹基本上可分为纵向花纹、横向花纹和块状花纹三类。纵向花纹在纵向上是连续的，在横向上是间断的；横向花纹有较好的纵向防滑能力；块状花纹的纵向和横向刚度比较接近，因此它既有一定的纵向防滑能力，又具有一定的横向防滑能力。

胎面花纹密度系数主要对轮胎与路面间的实际接触面积，胎面花纹的储水、排水能力和胎面切向刚度等有影响。胎面花纹密度系数越大，轮胎与路面接触的实际面积就越大，这可以增加路面与路面间的附着能力。但在胎面花纹深度一定的情况下，将降低胎面花纹的排水和储水能力。当路面上水膜较厚时，轮胎与路面间的水没有完全被排出，从而降低了轮胎在路面上的附着能力。

胎面的高宽比对轮胎与路面间的摩擦也有一定的影响。高宽比越大，轮胎滚动时产生的弹性变形就越大，由于弹性滞后效应产生的滚动阻力就越大。

4.2.3 充气压力

在坚硬的路面上，如果轮胎充气压力较低，则它在滚动中产生的弹性变形就大，由弹性滞后而造成的滚动阻力就越大。

4.2.4 胎面磨损

胎面磨损后将显著降低胎面花纹的储水和排水能力，从而使轮胎与潮湿路面间的摩擦系数降低。胎面磨损后还将增加其切向刚度，使轮胎在切向力作用下的变性情况与设计值产生较大差异，从而改变了轮胎与路面间的摩擦力方向，会使轮胎与路面间的有效摩擦力下降。

4.2.5　路面附着物

由于气候的变化、车辆的运行和道路沿线环境的影响，路面上常常会附着泥土、粉尘等污染物。这些污染物一方面会污染路面，与水混合形成润滑剂，降低路面的抗滑性能；另一方面会填充路表构造，降低路面排水能力，致使路面抗滑性能大幅降低，从而影响路面行车安全。

4.2.6　车辆速度

车辆行驶速度与摩擦系数是密切相关的，行车速度 v 与摩擦系数 f 之间的关系为：

$$f = a\mathrm{e}^{-bv}$$

式中：a，b 均为回归系数。

我国路基路面现场试验检测规程指出，测试速度会影响摩擦系数的测试结果，一般情况下速度越高摩擦系数值越小。《路基路面现场测试规程》(JTG E60—2008)规定："SCRIM 系统测试 SFC 的标准速度为 50 km/h。"

王利利等对不同水泥混凝土路面的动态摩擦系数和构造深度进行了分析。研究结果表明，在路面构造深度较好的情况下，水泥混凝土路面摩擦系数随速度的升高而降低[130]。

4.2.7　滑移率

滑移率是在车轮运动中滑动成分所占的比例，用 δ 表示。

$$\delta = \frac{v - wr}{v} \times 100\%$$

式中：v——车子在地面上行驶的速度(m/s)；

r——车轮滚动半径(m)；

w——车轮角速度(rad/s)。

可以看出，当车辆中心纵向速度等于车轮速度时，滑移率等于 0%。车辆制动时两者差别越大，滑移率就越大。车轮抱死时，车轮速度等于0 m/s，滑移率达到 100%。

汽车制动效能的高低主要反映在对地面最大摩擦系数的利用率上，而描述摩擦系数 μ 与滑移率 δ 的是轮胎附着力曲线，如图 4-2 所示。制动状态下，随着滑移率的增大，附着系数急剧增大。一般情况下，δ 在 15%～20%的范围内附着系数达到最大值。然后随着滑移率的增大，附着系数反而减小。因而，在滑移率 δ 为 15%～20%的范围内，可以达到较大的附着力，这是安全制动的理想工作区域。

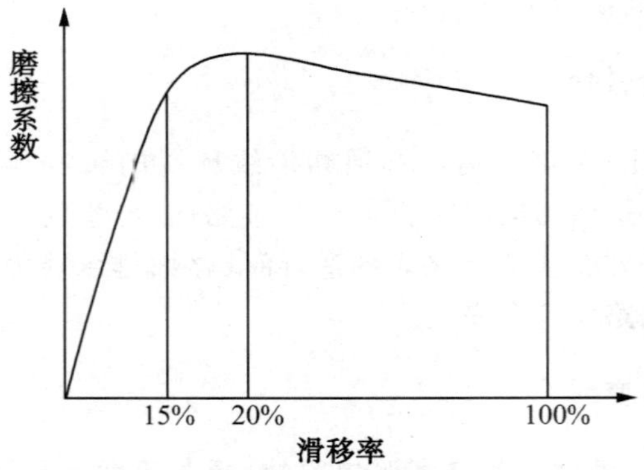

图 4-2　滑移率和摩擦系数之间的关系

李长城等利用摆式仪测量了不同路面类型(新、旧两种 AC-16 沥青路面以及 SMA-16 和 OGFC-13 两种沥青路面试块)在不同路面温度(－30 ℃～35 ℃)、不同湿滑情况(干燥、潮湿、湿润、结冰)、不同污染物覆盖(砂粒、泥土)及其组合状况下的摩擦系数,深入分析了不同路面状况对摩擦系数的影响[131]。研究认为,路面温度、水膜、砂粒(泥土)等路面状况的改变,都可能导致路面摩擦系数的显著变化。温度的下降会使干燥路面的摩擦系数下降;路面摩擦系数会随着水膜的出现而显著下降;路面湿润条件下,路面出现泥土将使摩擦系数大幅下降;在冰面铺撒适量砂粒能够显著地增加路面摩擦系数。

然而摆式仪测定的摩擦值不能够很好地代表高速情况下的路面实际摩擦性能,而且采用碾压成型机制作的试验块与真实路面间还存在一定的差异。

4.3　动态路面摩擦系数现场试验研究

前已述及目前常见的路面摩擦系数测试设备主要有单点式测试设备(包括摆式摩擦系数测定仪和动态摩亲系数测试仪)和连续式测试设备。

在连续式测试设备中,尽管横向摩擦力系数测定仪仍是主流测试仪器,但由于横向力系数测试车价格昂贵,目前还没有普及。而且 SCRIM 测试车体积大、用水量大,在测试过程中也有许多不方便之处。SCRIM 整体式系统的牵引车与测试系统整装在一起,有一个明显的弊端:一旦牵引车发生故障,就会导致整个系统无法使用,而拖车式就可以更换牵引车继续进行测试。

MU-meter 摩擦系数测试仪的测试结果必须转换成侧向力摩擦系力值后才能进行工程上的应用和评价,而且在我国的应用数量较少。美国锁定轮摩擦测试车还未列入我国测试规范。

DFT60 结构相对简单、使用方便,但也只能定点测量,影响交通。摆式仪只能测量低速条件下的路面抗滑性能，反映路面局部微灌的构造情况，仅能用于二级公路。

以上各方法都能反映路面的抗滑能力，但无论何种方法都无法真实反映车辆在行车过程中不同情况下的车辆实际所受的摩擦力。王正君等采用行车制动测量制动距离反算摩擦系数的方法，能真实地反映出路面的摩擦性能，但由于制动距离的直接测试存在相当的不安全因素，同时由于轮胎痕迹有时无法准确测量，所以目前在实践中很少应用。

为了能够准确、直观地分析轮胎与路面的附着能力，本章采用现场行车试验的方法，在一定速度下突然制动车辆，模拟突发事件下的紧急刹车，并利用固定在车辆上的三轴加速度仪，测出车辆的最大减速度，从而测出路面的实际摩擦系数，其中轮胎痕迹仅作为参考依据，这样可以为行车安全研究提供最真实的数据。

4.3.1　利用加速度测定摩擦系数的原理

刹车性能良好的车辆的最大减速度直观地反映了路面抗滑性能对交通安全的影响，也适应交通安全评价的需求。根据牛顿第二定律：

$$F = ma \tag{4-1}$$

式中：F——汽车制动力；

m——汽车质量；

a——加速度。

汽车制动力主要来源于轮胎与路面间的摩擦，因此有：

$$F = mgf(v) \tag{4-2}$$

式中：g——重力加速度；

$f(v)$——摩擦系数，可认为是车辆速度的函数。

由式(4-1)和式(4-2)可知：

$$f(v) = \frac{F}{mg} = \frac{a}{g} \tag{4-3}$$

其中，a 现在为最大减速度。

测出一定速度下车辆的最大减速度，再由式(4-3)就可以计算出车辆与路面的最大摩擦系数。

4.3.2　试验设计

4.3.2.1　试验仪器

利用三轴加速度仪对车辆刹车时的加速度进行数据采集，通过计算可得所测道路路面摩擦系数。该设备体积小，安装方便，采集频率高(试验设置为 100 Hz)，而且能方便地与笔记本电脑进行连接，进行实时数据记录。同时，还有专门的程序对数据进行分析和计算。该仪器的外观和操作界面如图 4-3 所示，图 4-4 为加速度摩擦系数行车试验。

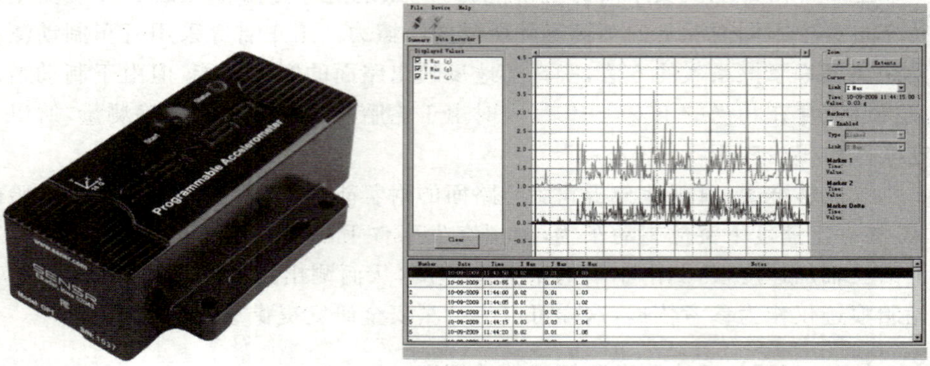

图 4-3　三轴加速度仪外观与操作界面

图 4-4　加速度摩擦系数行车试验

4.3.2.2　试验道路

根据需求，试验道路选择内蒙古 S203 线五岔沟—阿尔山路段和湖南衡炎高速(湖南衡阳至炎陵)。

内蒙古 S203 线是位于兴安盟境内的一条集旅游观光、国防建设、生产运输、森林防火救灾等功能为一体的重要省级公路，建成于 2002 年，设计标准为山区二级路，路面结构为沥青路面，部分路段为水泥混凝土。S203 线五岔沟—阿尔山路段连续下坡，车辆与路面的作用强度大，路面的磨损大。同时，车辆(该路段以货车为主要车型)在制动减速过程中，往往要用水进行喷淋以降低刹车鼓(盘)的温度。加之当地冬季积雪天气较多，路面有结冰的现象，对下坡路段的行车构成威胁。因此，有必要对该路段的摩擦系数进行调查和分析。

衡炎高速(湖南衡阳至炎陵)是交通运输部规划的江西吉安至湖南邵阳国家重

点公路的一段，也是湘赣两省区域发展的重要运输通道。路线途经衡阳市的衡东县，株洲市的攸县、茶陵县和炎陵县，全长 114 km。主线按双向四车道高速公路设计，路基宽度为 26 m，设计时速为 100 km/h，面层为改性橡胶沥青路面，隧道出入口段为水泥混凝土路面。

4.3.2.3　试验步骤

(1)将加速度仪固定在车上，并保证仪器的平整。将仪器的接口与笔记本电脑相连，进行实时的数据记录。

(2)在平直的路段上对加速度仪及车辆进行标定，获取仪器安装位置的初始值，此值作为加速度仪的修正值。当初始值等于重力加速度时，可不必修正。

(3)在试验前确保没有车辆的干扰，确保理想、安全的试验条件。

(4)一次试验结束后对加速度仪采集的数据进行保存。

(5)试验过程中测量轮胎制动痕迹，作为参考。

4.3.3　试验数据处理

4.3.3.1　低通滤波处理

对三轴加速度仪采集的数据进行修正，绘出完整的制动过程加速度变化图。未滤波的车辆加速度图如图 4-5 所示。由于路面的摩擦作用，在刹车过程中，车辆的悬架会发生振动，导致所测得的加速度值也有波动，因而需要进行低通滤波处理。编制低通滤波程序，进行滤波后所得的曲线如图 4-6 所示。

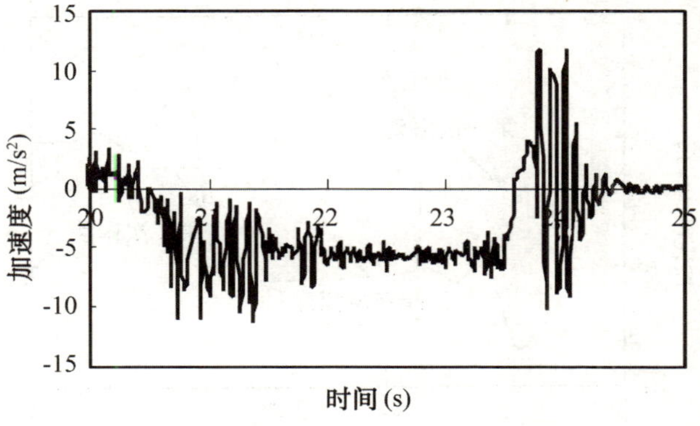

图 4-5　未滤波的车辆加速度图

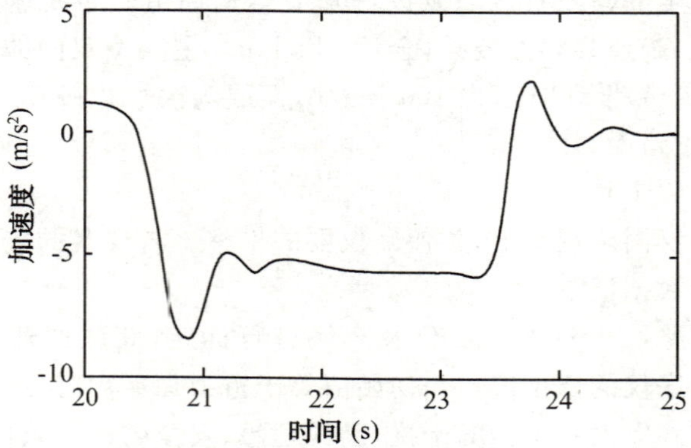

图 4-6　低通滤波后的车辆加速度图

4.3.3.2　制动过程中的减速度解析

当车辆达到一定行驶速度后，驾驶员迅速踩下制动踏板，油压迅速升高，车辆开始迅速减速。车辆突然受制动力影响，悬架及悬架上部分开始出现第一次振动，并出现最大减速度，但该最大减速度是由悬架及悬架上部分振动造成的，并不代表车辆整体的最大减速度。随着制动力稳定，悬架及悬架上部分的振动由于阻尼作用而逐渐消失，这时车辆达到稳定的减速度。该段的减速度代表了车辆和路面的摩擦情况。当车辆在制动力作用下停止时，悬架及悬架上部分因制动力消失而出现第二次振动，随后由于阻尼作用而逐渐消失，如图 4-7 所示。

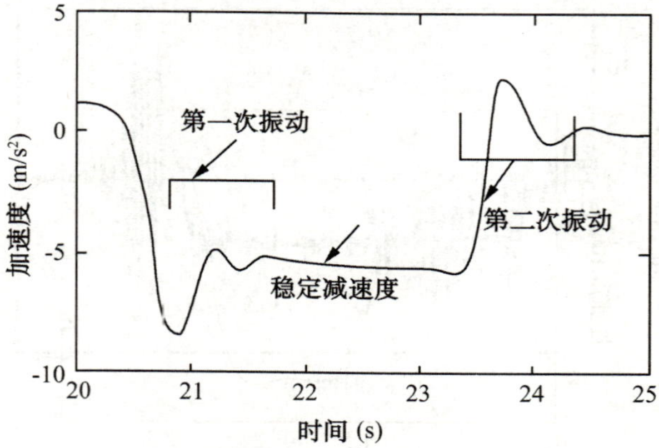

图 4-7　加速度解析图

4.3.4　试验结果

4.3.4.1　低等级公路试验结果

在 S203 线上，选择不同地点进行了雪地路面、水泥混凝土路面和沥青路面的最大减速度试验。由于该路等级较低，同时通车年限较长、摩擦系数较低，因此，试验时的车速较低。雪地路面、水泥混凝土路面采用 10 km/h、20 km/h 和 30 km/h，沥青路面采用 10 km/h、20 km/h、30 km/h 和 40 km/h。

按照上述步骤进行现场行车试验，得到不同情况下的制动加速度变化图。沥青路面 v=20 km/h 制动过程加速度变化图如图 4-8 所示，经过低通滤波处理后的如图 4-9 所示。

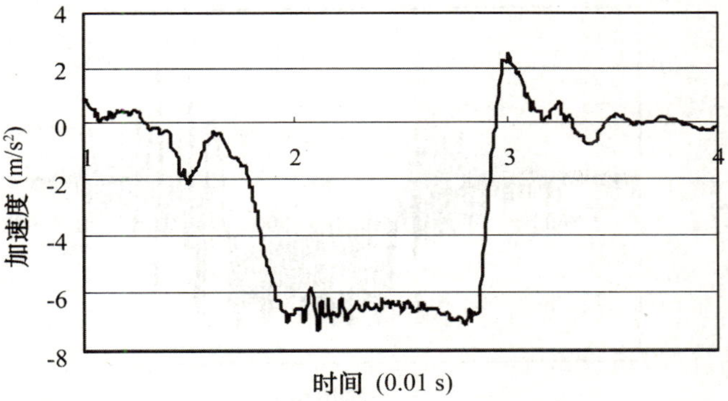

图 4-8　沥青路面 v=20 km/h 制动过程加速度变化图

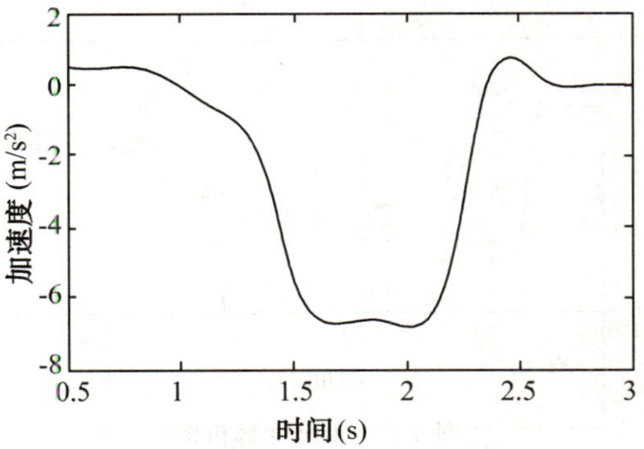

图 4-9　低通滤波后的制动过程加速度变化图

试验结果也表明在低速情况下，摩擦系数受车辆速度的影响较小。雪地上的最大稳定减速度为 1.5 m/s^2，拉毛水泥混凝土路面的最大减速度为 5.3 m/s^2，不拉毛水泥混凝土路面的最大稳定减速度为 4.7 m/s^2，沥青路面的最大减速度为 6.5 m/s^2。因而在车速较低时，摩擦系数可以近似看作常数，可直接计算出路面摩擦系数。

4.3.4.2　新建高速公路试验

选择湖南衡炎高速(湖南衡阳至炎陵)作为试验地点，分别进行了沥青路面和水泥路面干燥状态下的摩擦系数测定。由于本试验是将车速提高到一定程度后紧急制动，所以当车速较高时，危险性较大，因此，试验时的最高车速为 60 km/h。

在沥青路面和水泥混凝土路面上共进行了三次平行试验，每次将车速提高到 60 km/h，然后紧急制动，确保制动踏板不松动。以水泥混凝土路面的试验结果为例，如图 4-10 所示，低通滤波后的如图 4-11 所示。

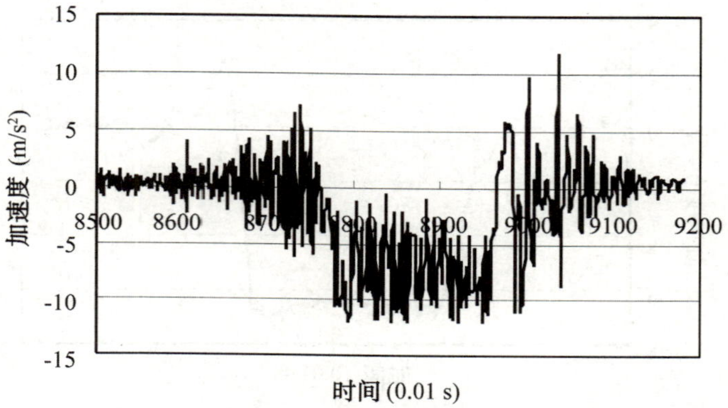

图 4-10　水泥路面制动过程加速度变化图

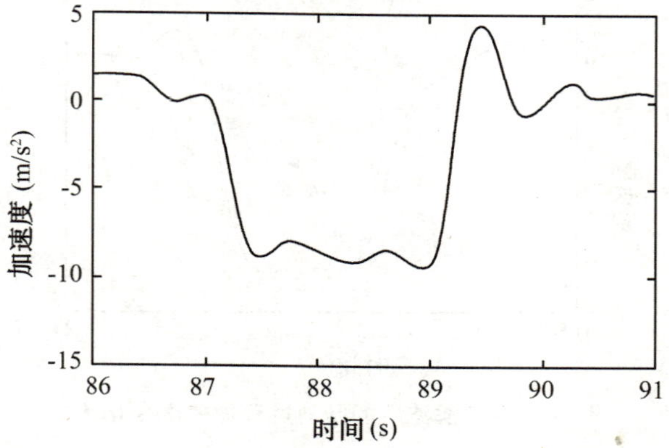

图 4-11　低通滤波后的加速度变化图

4.3.5　试验数据分析

试验时对每种情况的测试结果取平均值，作为该种情况的路面摩擦系数值，整理后的数据如表 4-2 所示。可以看出，新建高速公路路面摩擦系数高达 0.80；使用时间较长的沥青路面（AC 面层），摩擦系数为 0.63，而水泥混凝土路面由于长时间的磨损，表面较光滑，摩擦系数较低，即使表面拉毛摩擦系数也只有 0.53，表面不拉毛为 0.47。当车辆以较高速度行驶时，刹车距离较长，影响行车安全；当路面积雪时，摩擦系数只有 0.15，这对行车安全是极为不利的。

表 4-2　不同情况下的路面摩擦系数

道路情况		摩擦系数
低等级公路	雪地路面	0.15
	水泥混凝土路（拉毛）（旧）	0.53
	水泥混凝土路面（不拉毛）（旧）	0.47
	沥青路面（旧）	0.63
高速公路	沥青路面（新建）	0.81
	水泥路面（新建）	0.80

第 5 章　路堤风速场仿真分析与试验研究

随着我国高等级公路的建设和发展，汽车的行驶速度也在不断提高。当汽车低速行驶时，往往忽略气动力对汽车的燃油经济性和操纵稳定性的影响，而当高速行驶时，气动力对汽车性能的影响较大。在道路、桥梁上行驶时，车辆常常受到侧风影响。侧风作用产生了侧向风力，作用于汽车的风压中心上，而它往往不和汽车的质心重合，从而产生了横摆风力矩，使得汽车顺风横摆，导致汽车偏离正常行驶路线。这时就需要驾驶员操纵方向盘来纠正风的影响，但当侧风干扰力大到一定程度时，常常因驾驶员无法及时控制而危及行车安全。

很多学者对侧风环境下的行车安全进行了相关研究，也有部分学者对大跨度桥梁的局部风速场改变对行车安全的影响进行了研究，然而却很少有人考虑由高大路基和桥梁的挡风效果导致的风速场改变而引起的行车安全问题。

本章通过建立路堤、路堑、半填半挖路基有限元模型，仿真计算了侧风环境下这些结构物的风速场变化规律，并现场实测部分情况下的风速场，相互对比、验证仿真结果的正确性，仿真和实测结果可为交通安全、车辆设计提供理论基础。

5.1　仿真分析基础

5.1.1　流体与流体动力学基本理论

从分子物理学观点看，液体和气体都由大量分子组成且处于离散状态，分子不断做热运动。流体力学研究流体的宏观平衡和运动规律，所考虑问题的特征尺寸往往远大于流体分子的平均自由程，一般不需要探讨流体的微观结构和分子行为，因此，需要对流体的物质实体模型化。

在流体力学中，假定组成流体的最小物质实体是流体质点，流体由无限多个连续不断的流体质点组成，质点之间不存在间隙，这就是连续介质模型。引入连续介质模型后，流体的宏观物理量，如速度、密度、压强等，都可以表示成空间坐标和时间的连续函数，从而可用数学中的连续函数来描述和分析流体的平衡和运动规律，这也是连续介质模型的重要作用。

黏性是流体抵抗剪切变形或者相对运动的一种属性。动力黏性系数 μ 是流体黏性大小的度量。同一种流体的动力黏性系数与流体的温度有较大关系，受压强影响较小。在流体力学中，动力黏性系数 μ 经常与密度 ρ 结合在一起使用，以 μ/ρ 的形式出现，并以 v 来表示，v 称为“运动黏性系数”。

$$v=\frac{\mu}{\rho}$$

当流体的体积弹模 E_v 很大，或者作用在流体上的压强改变量很小时，流体密度的相对变化量很小。如果忽略流体的密度变化，这种简化下的流体模型称为“不可压缩性流体”，反之则称为“可压缩性流体”。当气流速度较低时，由速度引起的压强改变量很小，这时可忽略密度的变化，把低速流动的气体按照不可压缩流体来处理。

5.1.2　计算流体动力学软件

大型有限元程序中的 FLOTRAN CFD 分析功能是一个用于分析二维及三维流速动力场的先进工具，可执行层流和紊流分析、传热和绝热分析、可压缩与不可压缩流体分析、牛顿流体和非牛顿流体分析、多组分运输分析。

5.1.3　流体运动分析参数的取值

实际流体的流动可分为两大类：一类是流体在管道或通道内的流动，称为“内流”；另一类是流体从物体的外部流过，称为“外流”或“绕流”。对于空气、水等普通黏性的流体，在大雷诺数绕流的情况下，黏性的影响仅局限在物体壁面附近的薄层以及物体之后的尾迹流中，流动的其他区域速度梯度很小，黏性影响也很小。但在物体壁面的薄层内却存在着很大的速度梯度和漩涡，黏性的影响不能忽略，这一薄层就称为“边界层”。对于边界层的流动问题，可用雷诺数来判断：$Re_x=\rho Vx/\upsilon$。V 为来流速度；x 为物面的特征长度；υ 为流体的运动黏性系数。对于顺流平板，其临界雷诺数约为 5×10^5。雷诺数低于该值，为层流边界层，高于此值则为紊流边界层。

在以下的所有分析中，均取空气的密度为 1.225 kg/m^3，运动黏性系数为 1.8135×10^5 m^2/s，风逗范围为 6.0～12 m/s。经过计算，雷诺数均高于其临界值，所以计算模式采用紊流模式。

5.2 侧风环境下高速公路结构物风速场仿真分析

5.2.1 路堤风速场分析

5.2.1.1 路堤有限元模型及边界条件

当侧向风吹过高大路堤后，路堤的阻碍作用使得风速场发生变化，侧风在路面上增大，所以为了研究车辆所受到的风力大小，十分有必要对风速场进行分析。

根据实际情况，建立 2 m、4 m、6 m、8 m 和 10 m 的路基有限元模型，边坡采用 1∶1.5，路基宽度按照双向四车道，宽度为 28 m。单元类型采用 fluid141 二维单元。在进行有限元单元划分时，应当尽量使得长、宽较平均，不能相差太大，尽量避免畸形单元的产生。以路堤高度为 8 m、宽度按照双向四车道高速公路标准为 28.0 m、边坡坡度为 1∶1.5 为例，如图 5-1 所示。

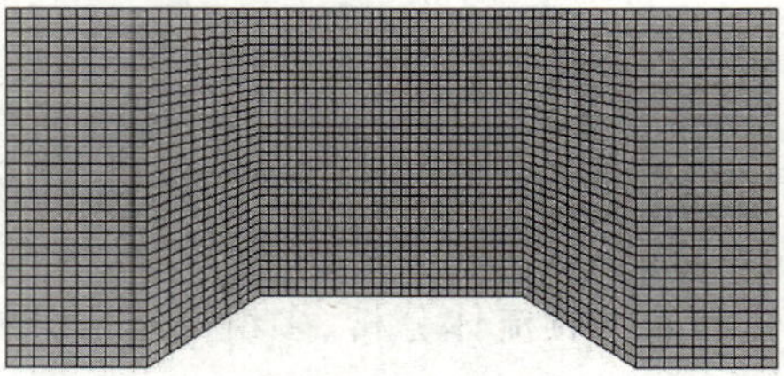

图 5-1 路堤有限元模型

在进行计算分析时需要定义边界条件，一般边界条件如图 5-2 所示。左边界为来流方向，施加初始速度 $V_x = 10.0$ m/s；上边界施加初始速度 $V_x = 10$ m/s，$V_y = 0$；下边界 $V_x = 0$，$V_y = 0$；右边界施加压力自由度，Pressure DOF = 0。经过计算雷诺数得知，采用紊流边界层。

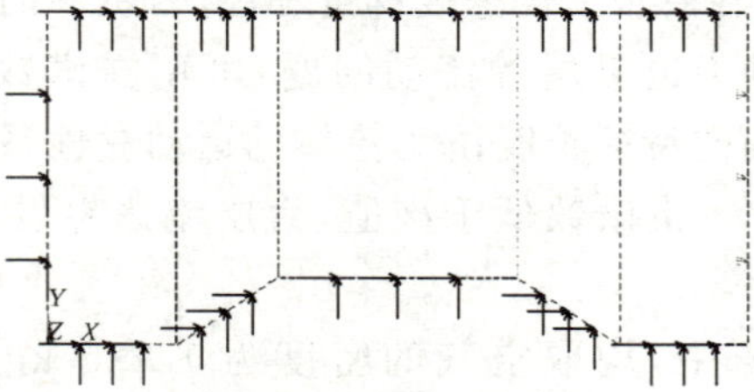

图 5-2 边界条件

5.2.1.2 路堤风速场

侧风越过路堤后的结果如图 5-3 所示。

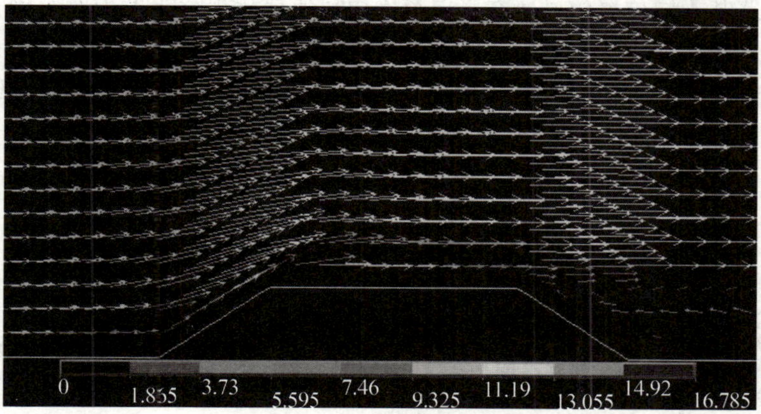

图 5-3　路堤风速场

可以看出,侧风越过路堤时,整个路面顶部均有不同程度的增大,尤其是在迎风侧的路肩处,风速增强程度最大;越过路基后风速减弱,尤其是在背风侧,风速减弱至几乎为零,同时有回流发生。

为了分析地面不同高度处的风速的变化情况,沿路基在高度 1 m、2 m、3 m 处绘制了风速变化图,如图 5-4 所示。

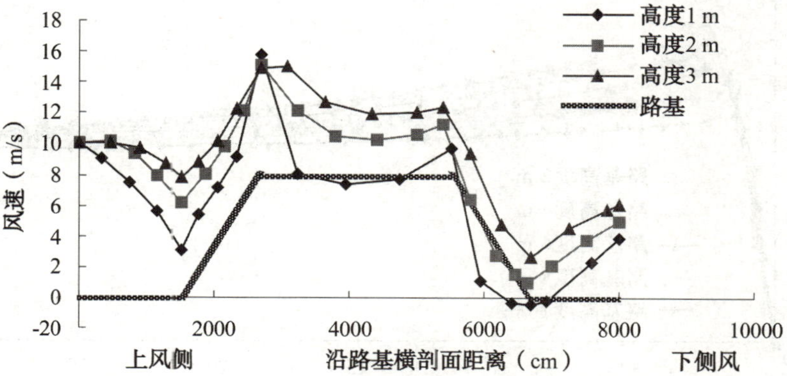

图 5-4　沿路基不同高度处的风速变化情况

可以看出,在来流侧路肩附近,风速增大明显,而且在离路肩 1 m、2 m 和 3 m 高度处的增风速基本一致;在行车道处,离路面高度 1 m 时,风速低于来流侧风速,但随着高度的增加,风速逐渐增强。

5.2.1.3　路基高度对风速场的影响

对路基高度为 2 m、4 m、6 m、8 m 和 10 m 的路基模型分别进行计算,并取左侧行车道、左侧超车道、右侧超车道和右侧行车道所在位置作为分析位置。

研究路基不同位置的风速在竖向范围内风速变化规律有助于对车辆行驶状态进行判别。为此,分析了左侧路肩、左侧行车道、左侧超车道、右侧路肩、右侧行车道和右侧超车道的竖向风速变化规律,分别绘制不同高度路基风速在这些位置处随高度变化的规律图,如图 5-5 至图 5-10 所示。

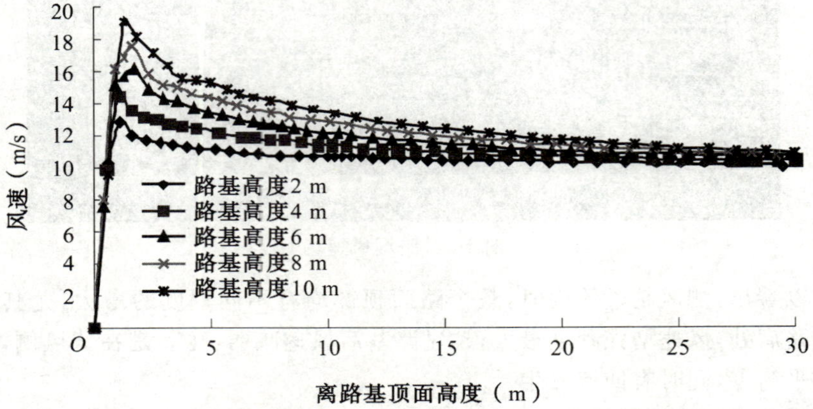

图 5-5　左侧路肩处竖向风速变化规律

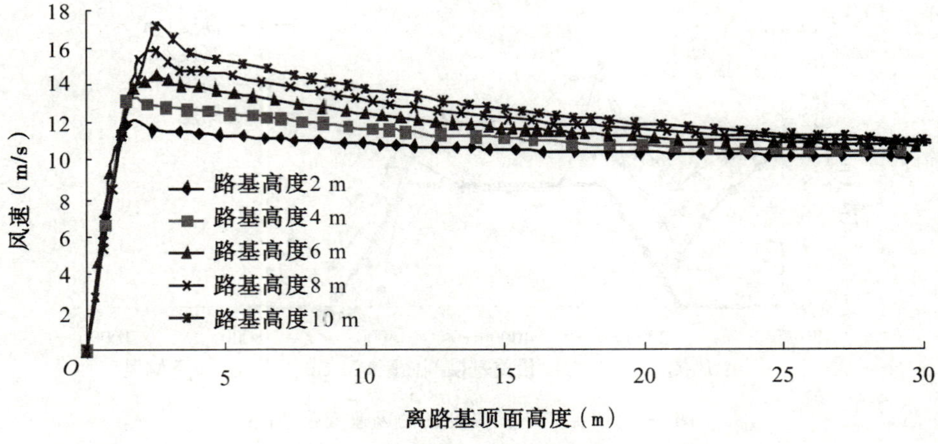

图 5-6　左侧行车道处竖向风速变化规律

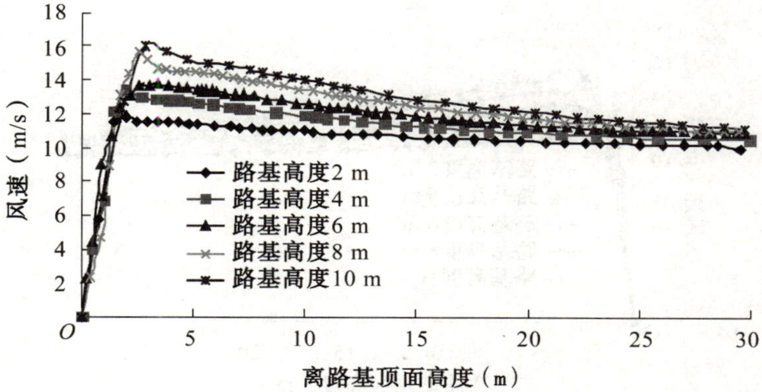

图 5-7　左侧超车道处竖向风速变化规律

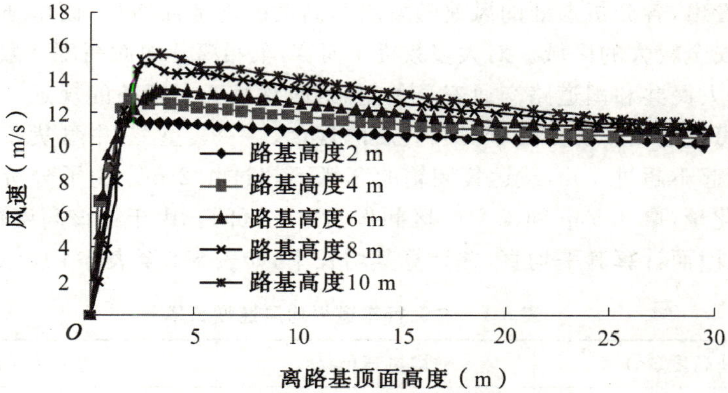

图 5-8　右侧超车道处竖向风速变化规律

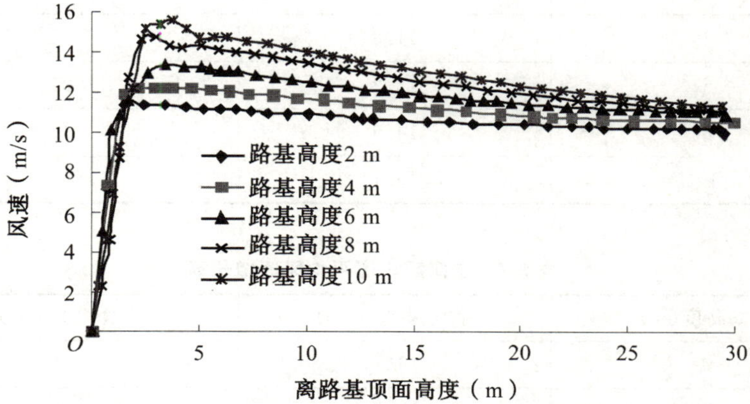

图 5-9　右侧行车道处竖向风速变化规律

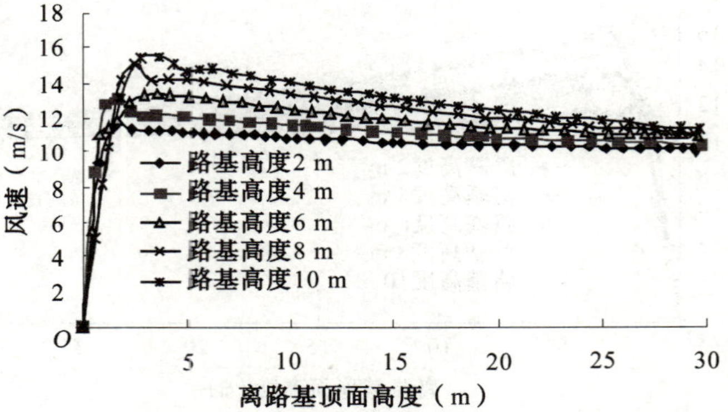

图 5-10　右侧路肩处竖向风速变化规律

可以看出，各分析点处的风速随着路基高度的增加而增加，而增强区域恰恰是影响行车安全较大的区域。对大多数货车而言，车厢离开地面高度一般超过0.5 m，根据《中华人民共和国道路交通安全条例》第四章第五十四条的规定："货物的长度和宽度不可以超出车厢。"关于货物高度的规定之一是：重型、中型货车和半挂车载物，从地面起不超过 4 m，载运集装箱的车辆不超过 4.2 m。为了分析不同位置处风速的变化量，取 0.5 m 和 4.2 m 区间作为对比区间。由于在该高度范围内，风速不是常量，因而计算其平均直，并计算其增长率，如表 5-1 至表 5-4 所示。

表 5-1　左侧行车道平均风速增长率

路基高度(m)	平均风速(m/s)	增长率（%）
0	10	0
2	10.7	7
4	11.8	18
6	13.2	32
8	14.6	46
10	15.1	51

表 5-2　左侧超车道平均风速增长率

路基高度(m)	平均风速(m/s)	增长率（%）
0	10	0
2	10.8	8

续表

路基高度(m)	平均风速(m/s)	增长率（%）
4	11	10
6	11.8	18
8	12.9	29
10	13.3	33

表 5-3　右侧超车道平均风速增长率

路基高度(m)	平均风速(m/s)	增长率（%）
0	10	0
2	10.7	7
4	11.1	11
6	11.2	12
8	11.7	17
10	11.8	18

表 5-4　右侧行车道平均风速增长率

路基高度(m)	平均风速(m/s)	增长率（%）
0	10	0
2	10.5	5
4	11.2	12
6	11.1	11
8	11.6	16
10	11.8	18

可以很明显地看出，路基高度越高，局部风速的增强就越明显。当路基高度为 10 m 时，左侧行车道平均风速增长率高达 51%，这对行车安全会产生较大的影响。

5.2.2　路堑风速场及影响因素分析

5.2.2.1　路堑风速场

为了分析路堑风速场的变化情况，建立路堑有限元模型。路堑边坡坡度设定为1∶0.5,路堑深度设定为2.0 m,初始风速设定为8 m/s,进行计算并将其局部放大,得到如图5-11所示的风速场。可以看到:

(1)背风侧坡脚处产生巨大的漩涡,而在迎风侧坡脚处的风速几乎停滞。

(2)路肩处风速增强,但增强程度不是很大,其他各处风速都有不同程度的降低。

(3)在迎风坡脚处风速几乎停滞,在背风坡脚处风速震荡,变化剧烈。

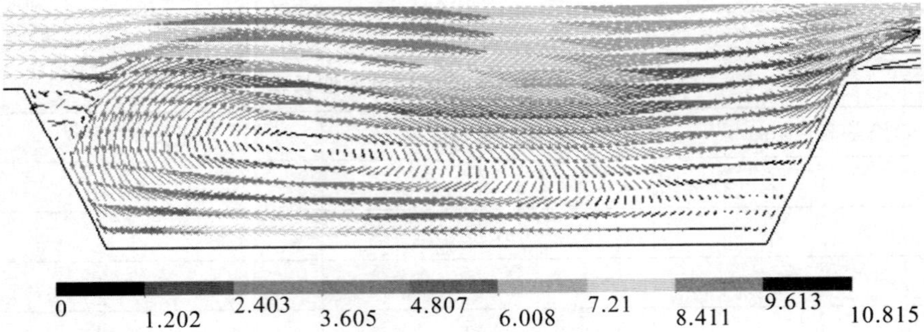

图5-11　路堑风速场局部放大图

5.2.2.2　路堑深度对风速场的影响

为了能更清楚地分析路堑深度对路堑内部风速场的影响情况,分别模拟了路堑深度为2.0 m、3.0 m、6.0 m和边坡坡度为1∶0.5的风速场。以几条代表性的流线来查看其风速场的变化情况,如图5-12至图5-14所示。可以看出:路堑较浅时,漩涡在背风坡脚处产生,而且所形成的漩涡较小;随着路堑深度的增加,路堑内部的漩涡增大,漩涡中心点向路堑中心移动。

由回流速度可以知道路堑深度为2.0 m时,回流最大速度为7.63 m/s;路堑深度为3.0 m时,回流最大速度为7.08 m/s;路堑深度为6.0 m时,回流最大速度为5.11 m/s。这说明路堑深度增加时,漩涡回流速度在减小。

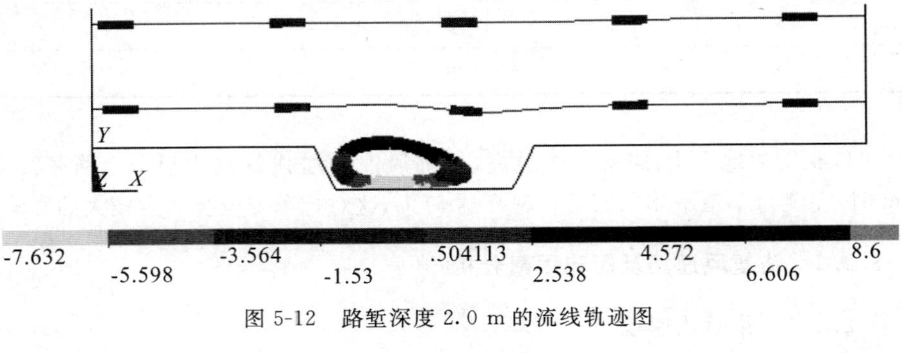

图5-12　路堑深度2.0 m的流线轨迹图

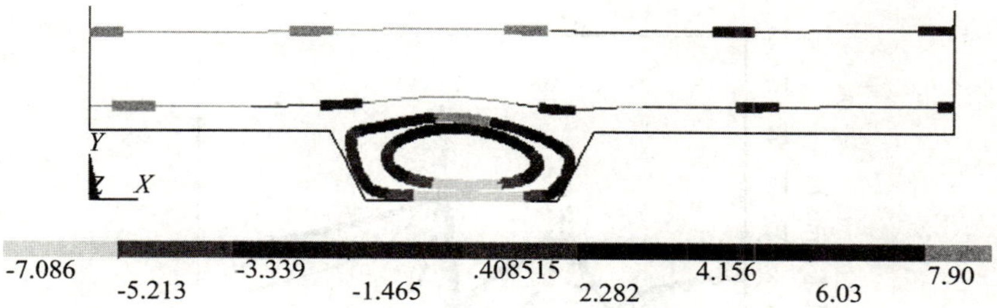

图 5-13　路堑深度 3.0 m 的流线轨迹图

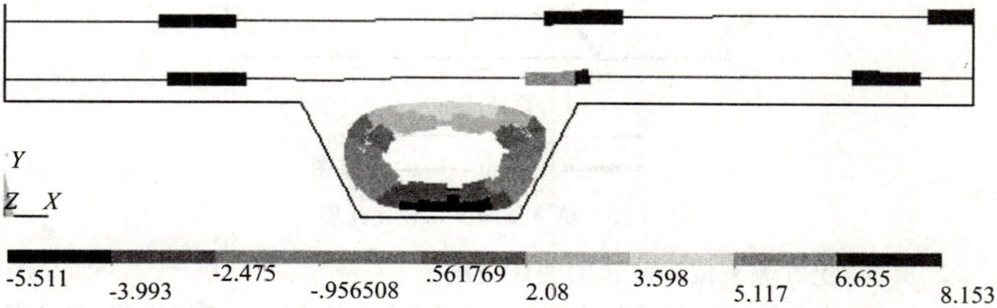

图 5-14　路堑深度 6.0 m 的流线轨迹图

因为不论路堑的深度为多大，都会引起路堑内部的车速降低，因而对行车安全是有利的。

5.2.3　半填半挖路基风速场分析

5.2.3.1　半填半挖路基模型

由于半填半挖路基的边坡坡度、路基高度变化都比较大，情况比较复杂，所以在此所建立的模型只能代表其中一种情况，并通过这种情况来粗略了解其风速场的变化。

为了分析半填半挖这种路基形式，建立两种模型：一种为挖方侧来流，另一种为填方侧来流。在此就以填方高度为 2.0 m、挖方深度为 2.0 m、填方侧边坡坡度为 1∶1.5、挖方侧边坡坡度为 1∶0.5、风速为 8.0 m/s 为例。建好模型后，进行有限元网格划分，并在边坡处进行加密。

5.2.3.2　填方侧来流时风速场的变化情况

经过计算分析，得出填方侧来流时沿程不同高度处的风速变化图，如图 5-15 所示。可以看出，当来流方向为填方侧时，风速场具有路堤风速场的性质：在迎风坡脚处风速迅速降低，而在迎风坡肩处风速增强，但在行车道内，风速则增加有限。

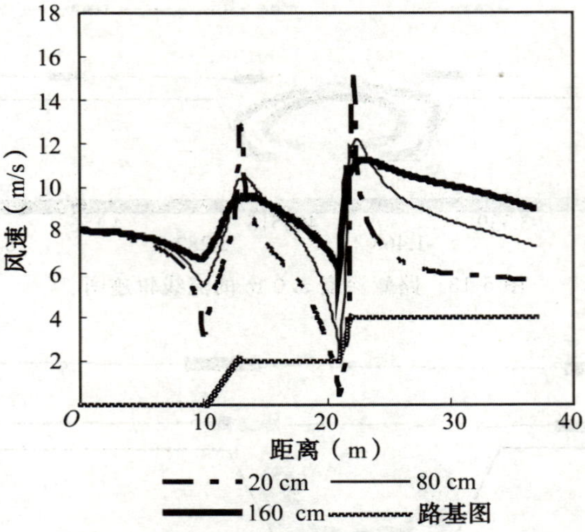

图 5-15　填方侧来流风速变化图

5.2.3.3　挖方侧来流时风速的变化情况

图 5-16 为挖方侧来流时沿程不同高度处的风速变化图。可以看出：挖方侧来流时，不同高度处的风速都会发生不同程度的降低，仅在挖方侧的背风坡顶上出现微弱增强现象；在挖方侧的坡脚处出现漩涡，气流产生回荡；在填方侧路肩处，风速相对增强，但还是不能恢复到初始速度；在填方侧坡脚处，风速迅速降低，因而此种情况下行车是安全的。

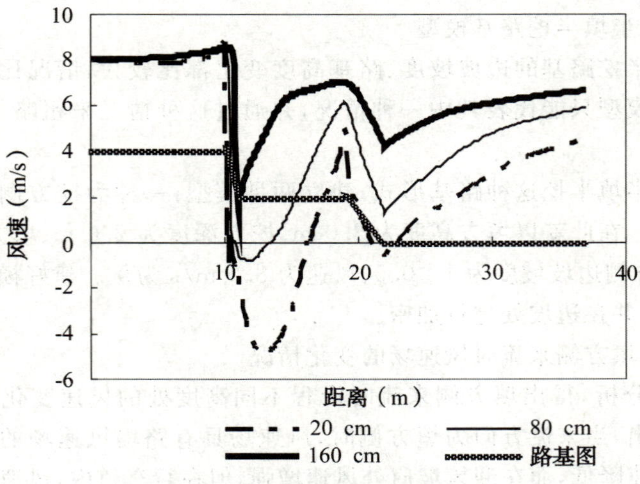

图 5-16　挖方侧来流风速变化图

5.3　侧风环境下路堤桥梁风速场现场试验研究

5.3.1　试验仪器及试验方法

5.3.1.1　试验仪器

试验仪器主要有热线式风速仪(两台)、计算机(两台)、风向标、卷尺。目前使用的风速仪主要有热线式和超声式风速仪。超声式风速仪能自动记录风向,风向改变时能随时调整,测出该风向的最大风速,但是体积较大,价格较高,携带不方便,一般适用于固定在一个地点的长期测量。而热线式风速仪携带方便,能和电脑实时连通,适用于较短时间的测量,但需要配套风向标,测出风向后将探头方向尽量朝向最大风向方向。由于本次试验对风向的准确度要求不高,而测量时间短,因而选用热线式风速仪。试验仪器以及操作界面如图 5-17 所示。

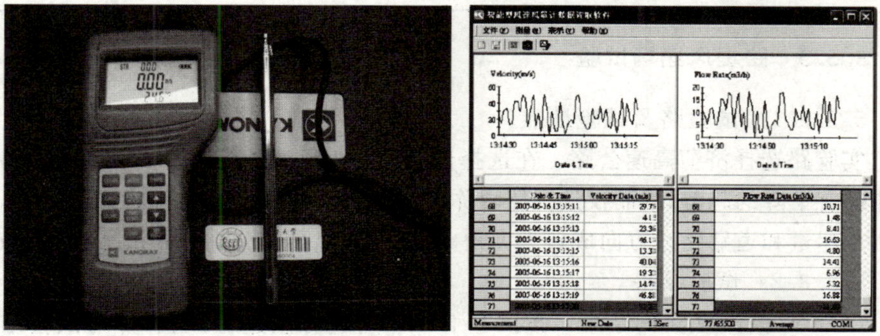

图 5-17　风速仪及操作界面

5.3.1.2　试验方法

(1)路基现场试验:将一台风速仪远离路基,另外一台风速仪在上风侧和下风侧的路肩不同高度处分别进行测量。第一台风速仪的测量高度也相应地改变。由于所选择的试验路段为已通车道路,在行车道上测量危险性较大,同时行车道上的风速易受过往车辆的影响,无法准确测量,所以试验地点选择在路肩上。

(2)桥梁构造物现场试验:将一台风速仪远离桥梁,布置在开阔地带,另外一台风速仪在上风侧和下风侧的护栏附近不同高度处分别进行测量。第一台风速仪的测量高度也相应地改变。

5.3.2　有限高度内风速和高度之间的关系

受地球表面地形地物的影响,高空处的风速一般比地面上的风速要高。平均风速沿高度变化的规律可用指数函数式来近似的表示：

$$\frac{U_{Z_2}}{U_{Z_1}}=\left(\frac{Z_2}{Z_1}\right)^a$$

式中：U_{Z_2}——高度为 Z_2 处的风速(m/s)；

U_{Z_1}——高度为 Z_1 处的风速(m/s)；

a——考虑地面粗糙度影响无量纲幂指数，为地表粗糙度系数，其取值如表 5-5 所示。

表 5-5　地表粗糙度系数

地表类别	地表状况	粗糙度系数
A	海岸、海面、开阔水面、沙漠	0.12
B	田野、乡村、丛林、平坦开阔地及低层建筑物稀少地区	0.16
C	树木及低层建筑物等密集地区、中高层建筑物稀少地区、平缓的丘陵	0.22
D	中高层建筑物密集地区、起伏较大的丘陵	0.30

5.3.3　路堤风速场试验

5.3.3.1　试验路及试验地点

实验路选择济荷高速公路。在选择试验地点时，考虑到路堑和半填半挖路基的风速都有下降的趋势，因而仅选择路堤作为试验测点。在大风天气时进行试验，选择的测点尽量和道路路线方向成较大夹角，选择的路堤高度分别为 6 m、4 m 和 2 m。

5.3.3.2　试验结果

(1)6 m 高路基实测结果。按照 5.3.1.2 所述方法进行试验，并对试验结果进行处理，得到如图 5-18 至图 5-21 所示的风速对比图。

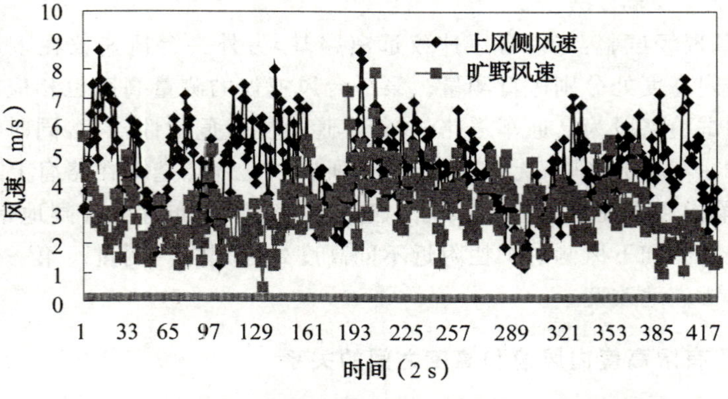

图 5-18　上风侧路肩和旷野处的风速对比图(2 m 高度)

经过计算得到离路基高度 2 m 处上风侧的平均风速为 4.56 m/s；旷野离地面高度 2 m 处的平均风速为 3.16 m/s。

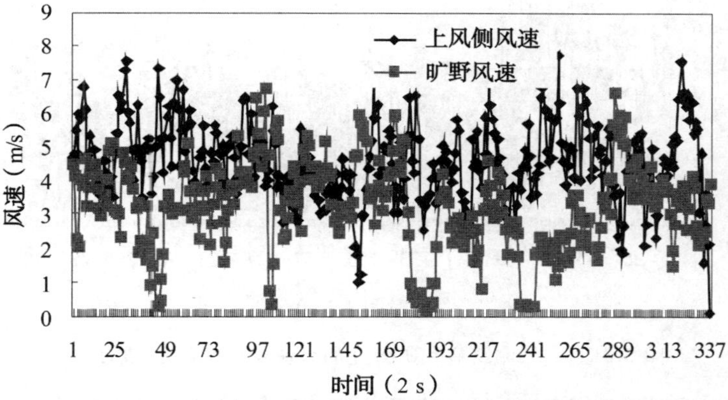

图 5-19　上风侧路肩和旷野处的风速对比图(3 m 高度)

经过计算得到离路基高度 3 m 处下风侧的平均风速为 4.58 m/s；旷野离地面高度 3 m 处的平均风速为 3.22 m/s。

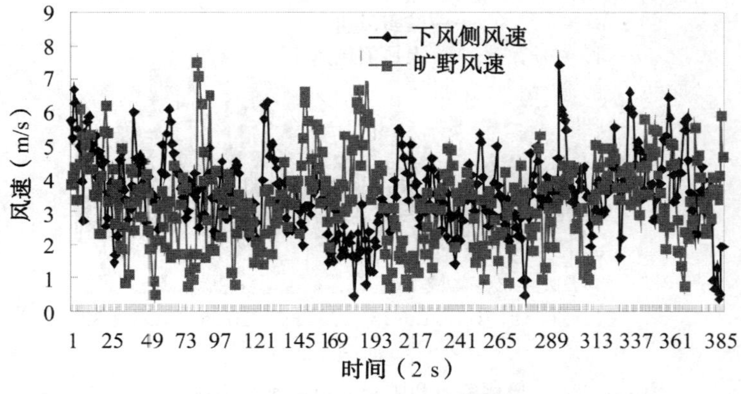

图 5-20　下风侧路肩和旷野处的风速对比图(2 m 高度)

经过计算得到离路基高度 2 m 处下风侧路肩的平均风速为 3.56 m/s；旷野离地面高度 2 m 处的平均风速为 3.32 m/s。

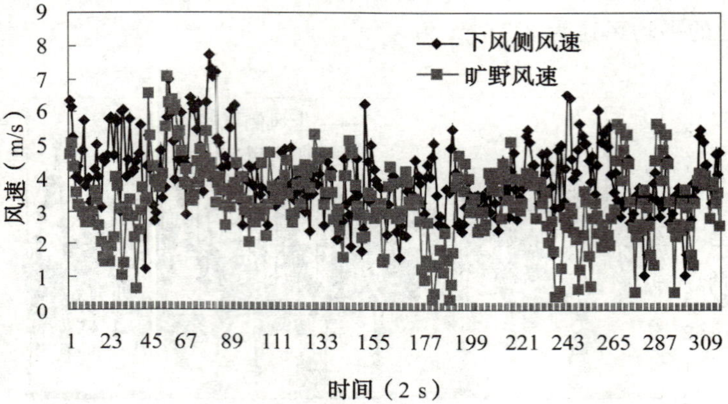

图 5-21　下风侧路肩和旷野处的风速对比图(3 m 高度)

经过计算得到离路基高度 2 m 处下风侧的平均风速为 3.99 m/s;旷野离地面高度 2 m 处的平均风速为 3.29 m/s。

(2)4 m 高度路基实测结果。由于实验条件的限制,仅测量了上风侧离路基 2 m高度处的风速,如图 5-22 所示。

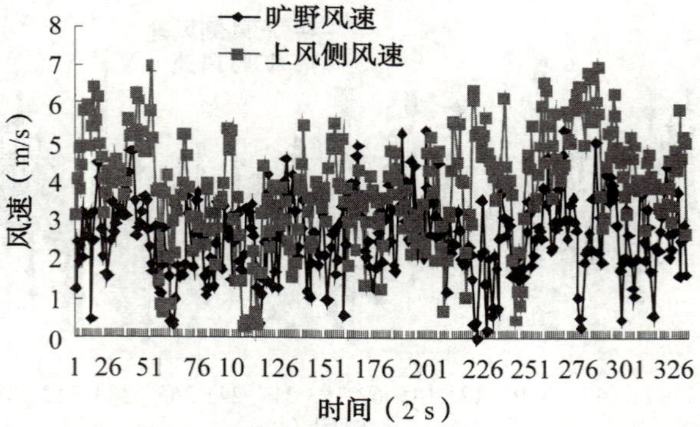

图 5-22　上风侧路肩和旷野处的风速对比图(2 m 高度)

经过计算得到离路基高度 2 m 处上风侧的平均风速为 4.07 m/s;旷野离地面高度 2 m 处的平均风速为 2.98 m/s。

(3)2 m 高度路基实测结果。由于试验条件的限制,仅测量了路肩上风侧 2 m 高度处的风速,如图 5-23 所示。

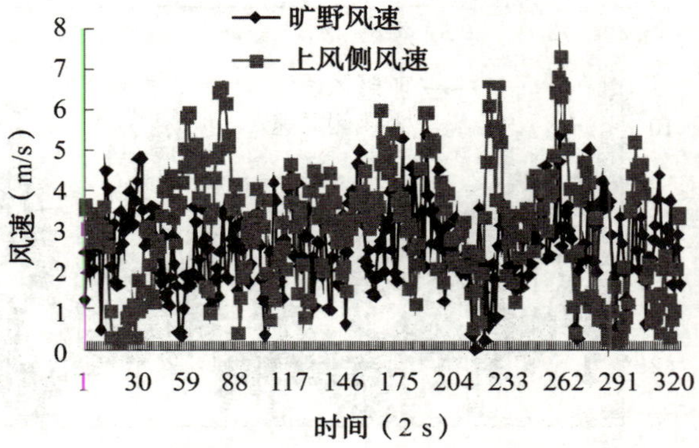

图 5-23　上风侧路肩和旷野处的风速对比图(2 m 高度)

经过计算得到离路基高度 2 m 处上风侧的平均风速为 3.03 m/s；旷野离地面高度 2 m 处的平均风速为 2.52 m/s。

对以上各种情况计算风速增长率，进行汇总并和仿真数据对比，如表 5-6 所示。

表 5-6　现场实测和仿真结果对比表

路基高度	路肩上风侧（高度 2 m）		路肩下风侧（高度 2 m）		路肩上风侧（高度 3 m）		路肩下风侧（高度 3 m）	
	实测结果	仿真结果	实测结果	仿真结果	实测结果	仿真结果	实测结果	仿真结果
6 m	44%	55%	7%	23%	42%	43%	21%	32%
4 m	36%	33%	—	—	—	—	—	—
2 m	20%	19%	—	—	—	—	—	—

可以看出，下风侧路肩 2 m 高度处现场实测结果和仿真分析结果相差较大，这主要是由于野外观测时影响因素较多，但其他数据基本接近，这充分证明了仿真结果的正确性。

5.3.4　梁桥风速场监测

选择济菏高速路上某座梁式桥作为试验地点，桥梁高度约 10 m，桥梁长度约 8.0 km。测量时风向和桥梁走向成 55°，分别在上风侧和下风侧进行测量，测点距桥面高度分别为 2.0 m、2.5 m 和 3.0 m。按照前文所述试验方法进行试验，并对试验结果进行处理，得到如图 5-24 至图 5-29 所示的风速对比图。

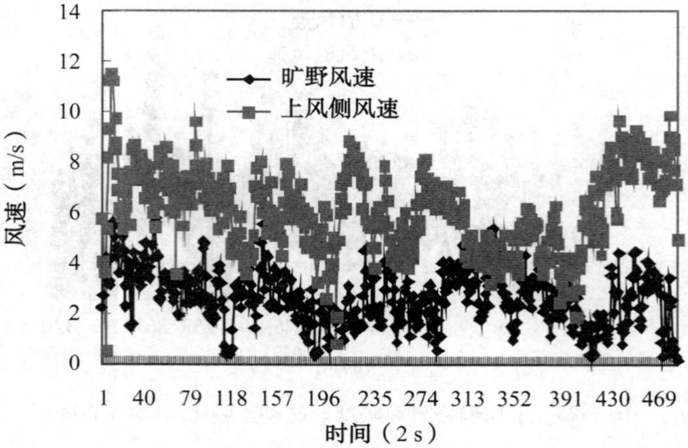

图 5-24　桥梁上风侧和旷野处的风速对比图(2 m 高度)

经过计算得到离桥梁 2.0 m 高度处上风侧的平均风速为 6.08 m/s；旷野处离地面高度 2.0 m 处的平均风速为 2.53 m/s。

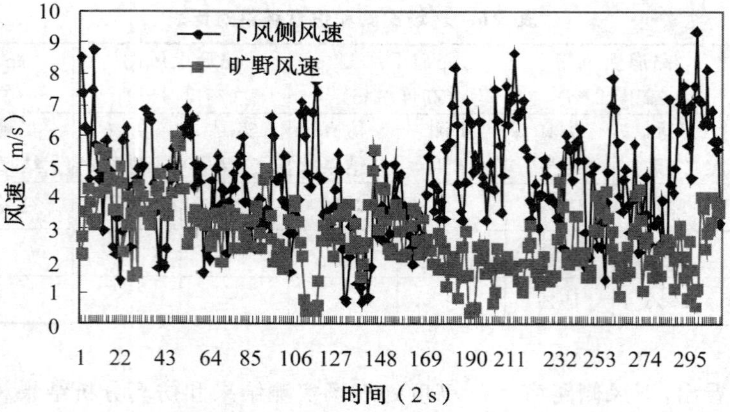

图 5-25　桥梁下风侧和旷野处的风速对比图(2 m 高度)

经过计算得到离桥面 2.0 m 高度处下风侧的平均风速为 4.54 m/s；旷野离地面高度 2.0 m 处的平均风速为 2.66 m/s。

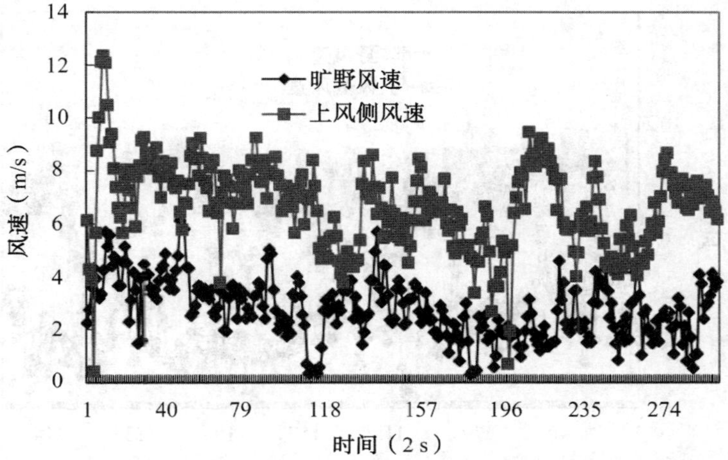

图 5-26　桥梁上风侧和旷野处的风速对比图(2.5 m 高度)

经过计算得到离桥梁 2.5 m 高度处上风侧的平均风速为 6.80 m/s；旷野处离地面高度 2.5 m 处的平均风速为 2.77 m/s。

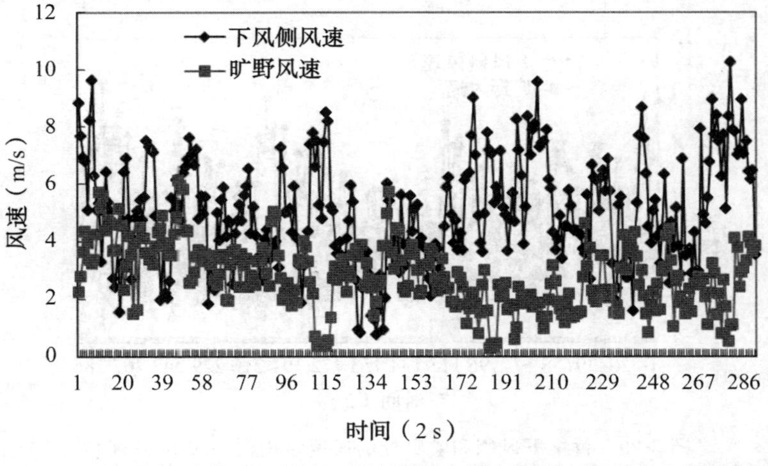

图 5-27　桥梁下风侧和旷野处的风速对比图(2.5 m 高度)

经过计算得到离桥面 2.5 m 高度处下风侧的平均风速为 4.99 m/s；旷野离地面高度 2.5 m 处的平均风速为 2.74 m/s。

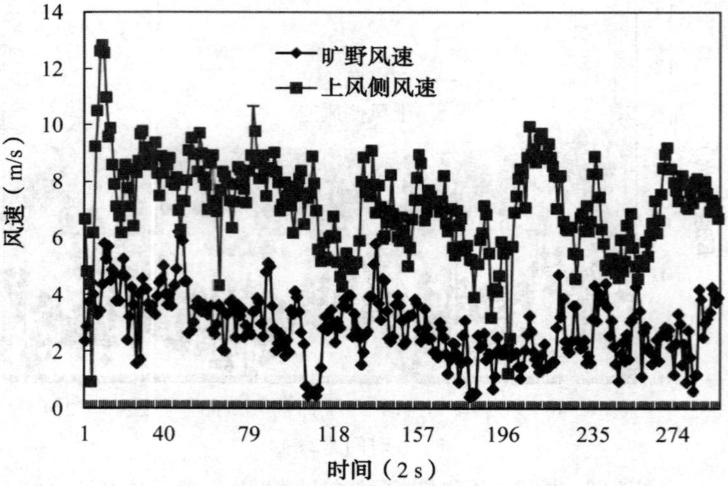

图 5-28　桥梁上风侧和旷野处的风速对比图(3.0 m 高度)

经过计算得到离桥梁 3.0 m 高度处上风侧的平均风速为 7.17 m/s;旷野处离地面高度 3.0 m 处的平均风速为 2.88 m/s。

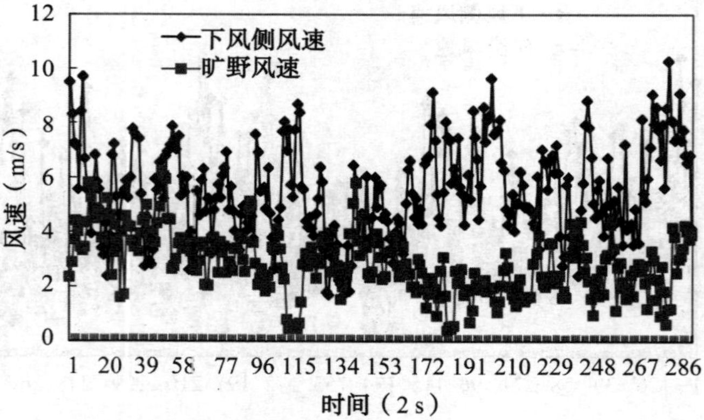

图 5-29　桥梁下风侧和旷野处的风速对比图(3.0 m 高度)

经过计算得到离桥面 3.0 m 高度处下风侧的平均风速为 5.49 m/s;旷野离地面高度 3.0 m 处的平均风速为 2.84 m/s。

将上风侧、下风侧风速相对于旷野处风速的增长情况进行定量分析,结果如表 5-7 所示。

表 5-7　上风侧、下风侧风速增幅情况表

桥面上方不同高度(m)	上风侧风速增幅(%)	下风侧风速增幅(%)
2.0	140.43	70.68
2.5	145.49	82.12
3.0	148.96	93.31

可以看出：

(1)梁式桥高度较高时，对风速场的影响是非常明显的，而且上风侧风速远大于下风侧风速；相比旷野处风速，上风侧风速增幅也远大于下风侧增幅，能够达到140%以上。因而在大风天气中的高大桥梁行车时，车辆在上风侧受到的侧风影响要大于下风侧。

(2)桥面以上不同高度处(2.0 m、2.5 m、3.0 m)风速增加程度也不一样，测点距桥面高度越高，风速值越大，与旷野处风速相比增加的程度也更大。对于行驶在桥梁上的货车来说，承受比小汽车更大的风速。

5.3.5　斜拉桥风速现场实测

5.3.5.1　工程背景

济南黄河三桥位于济南市北郊 G2 京沪高速，桥梁东西两侧分别是荷花收费站和崔寨收费站。桥梁采用高速公路标准，设计速度为 120 km/h，桥面宽度为 40.5 m，桥梁全长 4473.04 m，其中主桥部分长 666 m。主桥为独塔双索面钢箱梁斜拉桥，桥塔高 197 m，桥梁两侧与中央有高约 120 cm 的护栏。

在图 5-30 中，a、b 两点是两个桥墩，c 点是桥梁主塔位置。考虑到高速公路行车速度较快、不可停车等限制因素，从人身安全和试验效果角度出发，采用了新型测量方式：将风速风向自动记录仪连接电脑，与记录仪连接的风速、风向传感器从车辆天窗伸出，固定好位置后汽车以不同的车速、传感器以不同的外伸高度驶过桥梁，电脑自动记录风速、风向数据。考虑到最外侧车道为货车车道，货车重心高，迎风面积大，属于不利车型，而且最外侧车道来自其他车道汽车的干扰相对较小，综合考虑后选择最外侧车道为试验车辆行驶车道。

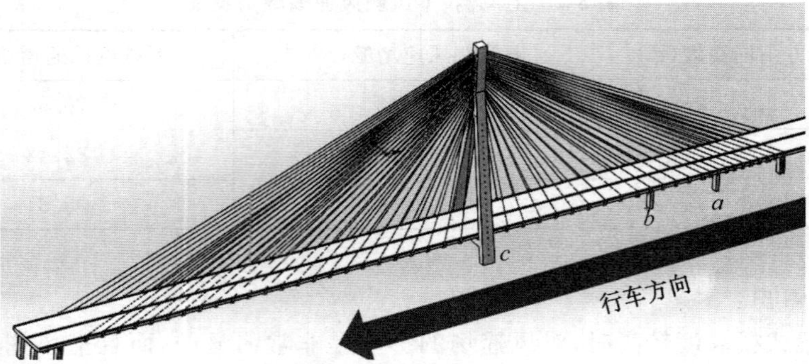

图 5-30 桥梁模型图

5.3.5.2 测量仪器选用

风速风向仪采用高清液晶显示屏显示当前日期、时间及风速、风向值。内置储存芯片可以自动存储气象数据。仪器带有多种通信接口与计算机连接通信，液晶显示屏可实时显示风速、风向值，计算机软件可对数据进行记录、分析、存储和导出，所以，可广泛应用于气象、环保、海洋校园教育等多个领域。

图 5-31 为风速风向仪的主要构成部分。两个传感器分别固定在支架上，并连接到风速风向仪上，这样传感器测得的数据就能在风速风向仪液晶显示屏上实时显示出来。

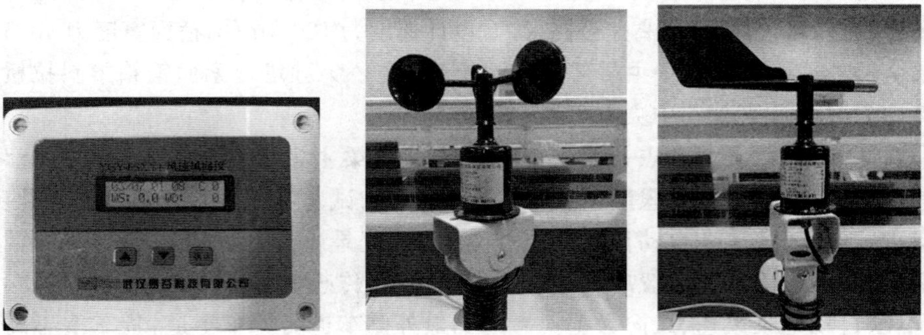

(a) 风速风向仪　(b) 风速传感器　(c) 风向传感器

图 5-31 风速风向仪构成

随着风杯和指向标的转动，实时风速、风向数据就在风速风向仪和电脑端“气象站”软件同步显示出来，液晶显示屏只能实时显示当前数据。风速风向仪协同工作实物图如图 5-32 所示。

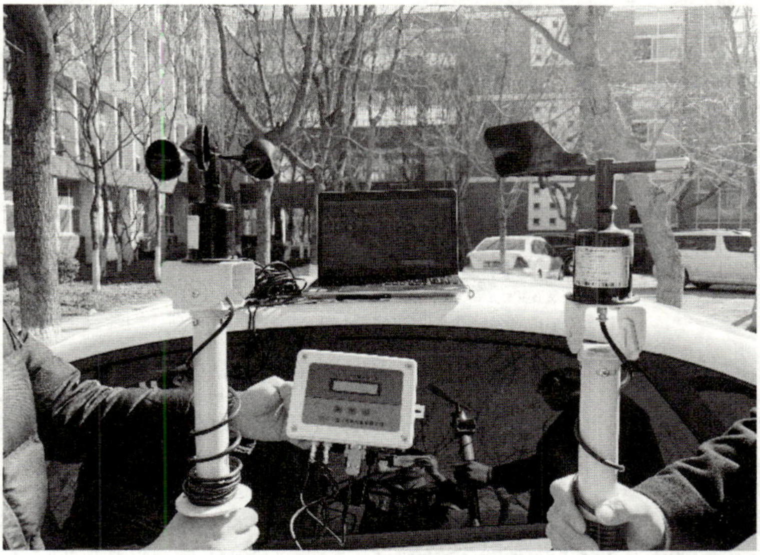

图 5-32　风速风向仪协同工作实物图

5.3.5.3　现场试验数据

考虑货运车辆高度以及高速公路行车安全问题，本次测量将风速、风向传感器由车顶天窗分别伸出车外 1.0 m、1.5 m 和 2.0 m，车辆行驶速度 40 km/h。测量车辆驶过主桥的同时在远离桥梁的旷野处同步测量自然风的风速、风向数据。

(1)外伸高度 $H=1.0$ m。测试车辆高度 1.5 m，测试点距桥面高度 2.5 m，测试完成后的风速分布如图 5-33 所示。

图中数据显示的是车辆以 40 km/h 的车速行驶过主桥时，桥面上方2.5 m各位置处的风速变化情况。图中 a、b、c 三点分别是经过两个桥墩以及桥塔时的风速情况。当汽车开始驶入主桥部分时，由于护栏与斜拉索的阻隔作用，风速会逐渐增大。本桥设计图纸显示由起点至 b 处桥墩段斜拉索间距较小，为 7.5 m，密集的斜拉索使得风速增大。实测数据显示主桥起点处风速为 9.8 m/s，第一个桥墩处(即 a 点)风速增加至 11.3 m/s，第二个桥墩处(即 b 点)风速继续增加至 13.6 m/s，风速分别增加了 15.31%、38.78%。经过 b 点后斜拉索间距变为 15 m，拉索密集程度降低，风速随之缓慢降低。当行驶至桥塔前 80 m 左右时，风速突然增大至 14.1 m/s，增幅超过 40%，并维持一段时间(约 6.5 s)，之后风速开始降低。当行驶至桥塔正后方时，风速降至最低，约 11.9 m/s。当汽车驶出桥塔时，风速再次发生突变，迅速增大至 14.5 m/s；2 s 后风速迅速降低，此后风速变化相对平缓，并呈现缓慢增大趋势。

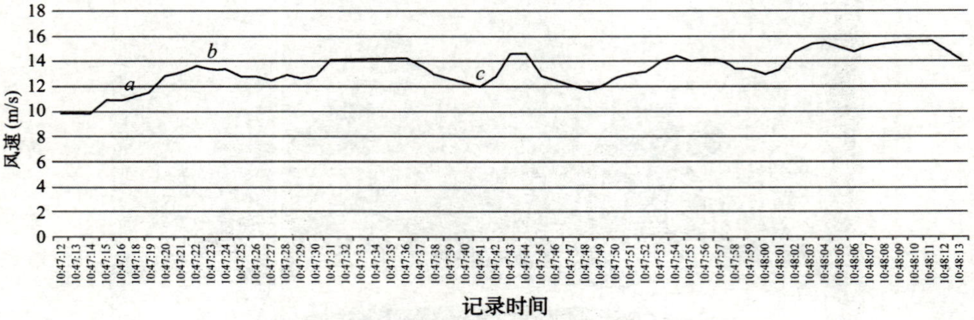

图 5-33　桥面上方 2.5 m 时的风速分布图

(2)外伸高度 $H=1.5$ m。测试车辆高度 1.5 m，测试点距桥面高度 3.0 m，测试完成后的风速分布如图 5-34 所示。

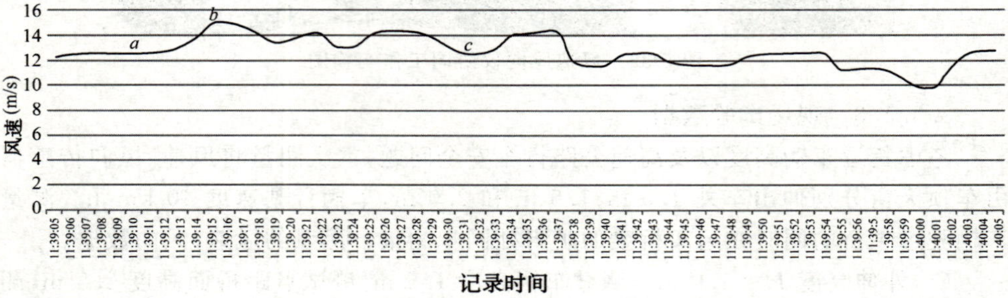

图 5-34　$H=1.5$ m 时的风速分布图

实测数据显示主桥起点处风速为 12.2 m/s，第一个桥墩处（即 a 点）风速增加至 12.6 m/s，第二个桥墩处（即 b 点）风速继续增加至 15 m/s，风速分别增加了 3.28%、22.95%。经过 b 点后拉索密集程度降低，风速随之缓慢降低。当行驶至桥塔前 65 m 左右时，风速突然增大至 14.0 m/s，增幅为 14.75%，并维持一段时间（约 5 s），之后风速大幅降低。当行驶至桥塔正后方时，风速降至最低，约 12.6 m/s。当汽车驶出桥塔时，风速相对较缓地增大至 14.0 m/s；平缓发展 4 s 后（距桥塔约 65 m 处）发生突变，风速迅速降低至 11.5 m/s，此后风速变化相对平缓，并呈现缓慢增大趋势，但是由于风的不稳定性，在某些个别位置处会有突变现象。

(3)外伸高度 $H=2.0$ m。测试车辆高度 1.5 m，测试点距桥面高度 3.5 m，测试完成后的风速分布如图 5-35 所示。

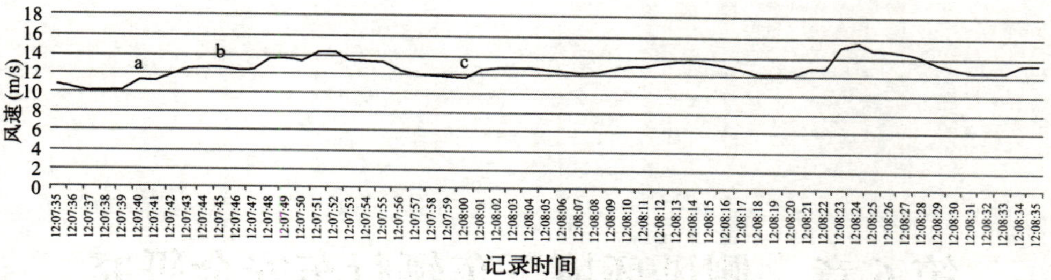

图 5-35　$H=2.0$ m 时的风速分布图

汽车从主桥起点行驶至 b 点桥墩段过程中，密集的斜拉索使得风速增大，实测数据显示主桥起点处风速为 10.8 m/s，第一个桥墩处（即 a 点）风速缓慢减小至 10.3 m/s，第二个桥墩处（即 b 点）风速增加至 12.6 m/s，风速分别增加了 −4.63%、16.67%。经过 b 点后拉索密集程度降低，风速随之降低（维持大约2 s）。当行驶至桥塔前 145 m 左右时，风速开始缓慢增大至 14.3 m/s，增幅为 32.41%，并维持短暂的时间（约 2 s），之后风速缓慢降低。当行驶至桥塔正后方时，风速降至最低，约 11.7 m/s。当汽车驶出桥塔范围后，风速增大至 12.6 m/s，此后风速平缓变化，并呈现缓慢增大趋势。

第6章　侧风环境下车辆行车安全研究

随着我国公路建设事业的迅速发展，山岭重丘区的高速公路里程迅速增加，然而山岭重丘区的高速公路往往隧道较长，且大多以隧道群的形式出现。由于隧道与隧道之间往往是较深的峡谷，容易成为山风的通道，所以在隧道群内行车时，车辆在出隧道口的瞬间会从完全没有侧风的环境驶入强度较大的侧风区，而由于习惯性的作用，驾驶员往往来不及做出反应，导致发生交通事故。前一章已讲过，高路堤对风速场有显著的改变作用，会造成局部风速过大。

本章采用简化的二自由度汽车模型进行分析。假定汽车以一定的速度直线行驶时，在突然遇到侧风和侧风存在的情况下，研究车辆的瞬态响应。同时，综合考虑侧风、车速、路面摩擦系数和平面线形等因素，对车辆不发生侧滑和侧翻的临界风速进行计算和对比分析。

6.1　作用在车辆上的气动力

6.1.1　侧向气动力

汽车行驶中受到的气动力有迎面阻力、升力、侧向力及这些力形成的俯仰力矩、侧倾力矩和横摆力矩，统称为“气动六分力”。它们的大小大致与空气对汽车相对速度的平方成正比。阻力、升力和侧向力形成一个合力，并作用于汽车的对称平面内，但它不一定与重心重合，此合力点称为“气动中心”。

在侧风作用下，直线行驶的汽车受到由行驶速度产生的行驶风 u 和侧风 w 的影响，气流流入合成速度 u_r 就是两者的矢量和，$\vec{u}_r=\vec{u}+\vec{w}$，其合成速度与汽车轴线成 α 角，如图 6-1 所示。

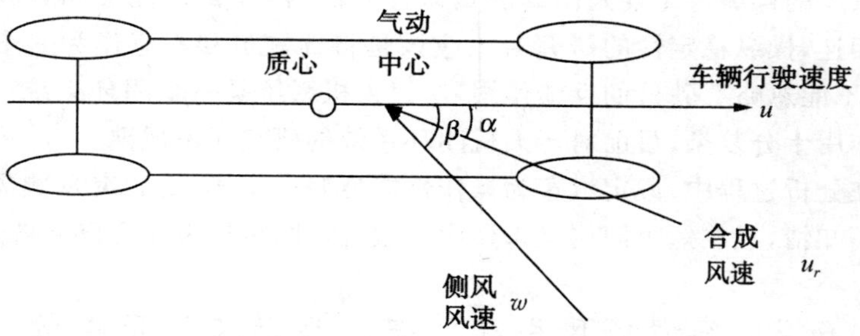

图 6-1　车辆受侧风影响示意图

α 为流入角，单位为度(°)；β 为风与汽车轴线的夹角，横风时 $\beta=90°$。

$$u_r=\sqrt{u^2+w^2}$$

$$\alpha=\arctan\left(\frac{w}{u}\right)$$

6.1.2　侧向气动力系数

贝科(Baker)和克朗克(Krönke)等通过风洞试验研究了农用货车和大型货车的侧向气动力系数[133,134]。研究表明，侧向气动力系数 C_s 与风向角 β 之间基本成正比关系，即：

$$C_s=K_{cs}\times\beta$$

式中：β——风向角，$\beta=\tan^{-1}\left(\frac{w}{u}\right)$；

K_{cs}——比例系数，和车辆外形有关。

庞加斌等在轿车和微型客车侧向力系数的风洞试验测量拟合中得到的侧向力系数分别为 0.034 和 0.071，侧面接近矩形的客车和货车的侧向力系数随长高比和宽高比的增大而成比例增长，从工程安全原则出发，将中型客车和集装箱货车取为 0.18[54~56]。

在本章接下来的计算中，轿车的侧向气动力系数取 0.034，货车和大型客车的侧向气动力系数取 0.18。

6.1.3　开环和闭环系统

在对汽车的动态响应的评价系统上有开环和闭环两种[129,134]。开环系统是认为车辆受到外力作用并做出一定的响应后，驾驶员不允许根据汽车的转向运动做出修正，即驾驶员不允许做出任何反馈作用，因此，汽车的时域响应仅是把汽车作为开环系统的控制特性。汽车作为开环系统的响应可以通过建立数学模型进行理论分析。

但是汽车的操纵稳定性是由驾驶员来评判的，操纵稳定性又和驾驶员的操作特性紧密相连，操纵稳定性的研究对象应该是将驾驶员和汽车作为一个整体的人机系统，而不能忽略驾驶员的反馈作用，所以人机系统是一个闭环系统。不过驾驶员的反馈作用十分复杂，目前对于人机闭环系统的研究还不成熟。

本章在分析过程中，假定汽车为操作性能良好的车辆，受到突发侧风的影响时驾驶员并不知情，且在短时间内又未做出反馈，因此，可以采用开环系统进行分析。

6.2 突发侧风引起的车辆运动模型及求解

6.2.1 二自由度车辆模型

假设车辆沿直线行驶，速度为 u，受到突发侧风的影响，产生的气动侧向力为 F_w。考虑车辆产生侧向偏移和横摆 2 个自由度，其中侧向速度为 v，横摆角速度为 ω_r。F_{y1} 和 F_{y2} 为地面对前、后轮的侧向反作用力，即侧偏力。α_1 和 α_2 为前、后轮侧偏角。质心产生 β 偏角。d_w 为气动中心到质心的距离，坐标原点建立在车辆的质心上。

二自由度车辆行驶模型如图 6-2 所示。

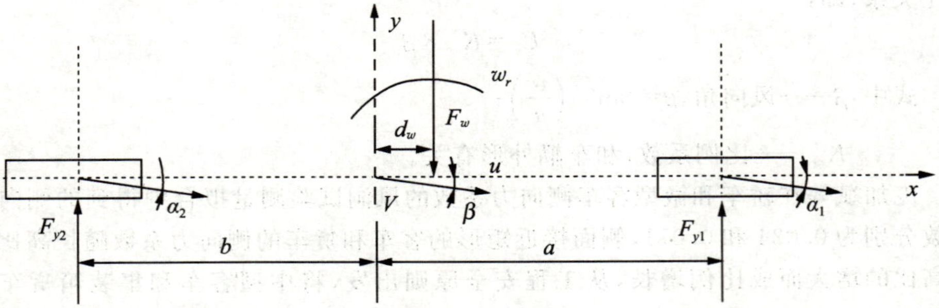

图 6-2 二自由度汽车运动模型

假定：汽车质心的绝对速度沿 Oy 轴上的分量为 v，沿 Ox 轴上的分量为 u，即车辆行驶速度。u 为已知，则侧向加速度为：

$$a_y = \dot{v} + u \times \omega_r$$

二自由度汽车受到的外力沿 y 轴方向的合力和绕质心的力矩为：

$$\sum F_y = F_{y1} + F_{y2} - F_w$$

$$\sum M_z = aF_{y1} - bF_{y2} - F_w d_w \tag{6-1}$$

其中：

$$F_{y1}=k_1\times\alpha_1$$
$$F_{y2}=k_2\times\alpha_2$$
$$F_w=\frac{1}{2}C_S\rho Au_r^2$$

k_1 和 k_2 分别为轮胎的侧偏刚度，A 为车辆正投影面积，C_S 为侧向气动力系数。研究表明，侧向气动力系数 C_S 与风向角 $\beta=\tan^{-1}(v/u)$之间基本成正比关系，即 $C_S=k_{CS}\times\beta$，k_{CS}为比例系数，故有：

$$F_w-k_1\alpha_1-k_2\alpha_2=m(\dot{v}+u\omega)$$
$$F_wd_w+bk_2\alpha_2-ak_1\alpha_1=I_z\dot{\omega}_r \tag{6-2}$$

由图 6-2 可知：

$$\alpha_1=\frac{v+a\omega_r}{u},\quad \alpha_2=\frac{v-b\omega_r}{u}$$

将其代入式(6-2)，得：

$$F_w-k_1\left(\frac{v+a\omega_r}{u}\right)-k_2\left(\frac{v-b\omega_r}{u}\right)=m(\dot{v}+u\omega_r)$$
$$F_wd_w+bk_2\times\left(\frac{v-b\omega_r}{u}\right)-ak_1\left(\frac{v+a\omega_r}{u}\right)=I_z\dot{\omega}_r \tag{6-3}$$

整理可得：

$$F_w-(k_1+k_2)\frac{v}{u}-(ak_1-bk_2)\frac{\omega_r}{u}=m(\dot{v}+u\omega_r) \tag{6-4}$$

$$F_wd_w-(ak_1-bk_2)\frac{v}{u}-(a^2k_1+b^2k_2)\frac{\omega_r}{u}=I_z\dot{\omega}_r \tag{6-5}$$

该方程就是关于 v 和 ω_r 的二自由度车辆运动方程。

由式(6-5)可得：

$$v=-\frac{I_z\dot{\omega}_ru-F_wd_wu+(a^2k_1+b^2k_2)\omega_r}{ak_1-bk_2} \tag{6-6}$$

$$\dot{v}=-\frac{I_z\ddot{\omega}_ru+(a^2k_1-b^2k_w)\dot{\omega}_r}{ak_1-bk_2} \tag{6-7}$$

将式(6-6)和式(6-7)代入式(6-4)中，得：

$$F_w-(k_1+k_2)\frac{I_z\dot{\omega}_ru-F_wd_wu+(a^2k_1+b^2k_2)\omega_r}{(ak_1-bk_2)u}-(ak_1-bk_2)\frac{\omega_r}{u}$$
$$=m\left(-\frac{I_z\ddot{\omega}_ru+(a^2k_1-b^2k_2)\dot{\omega}_r}{ak_1-bk_2}+u\dot{\omega}_r\right) \tag{6-8}$$

整理得：

$$F_w(ak_1-bk_2)-\frac{(k_1+k_2)}{u}[I_z\dot{\omega}_ru-F_wd_wu+(a^2k_1+b^2k_2)\omega_r]-(ak_1-bk_2)^2\frac{\omega_r}{u}$$

$$=-mI_z\ddot{\omega}_r u-m(a^2k_1+b^2k_2)\dot{\omega}_r+mu\omega_r(ak_1-bk_2) \tag{6-9}$$

左右移项得：

$$mI_z u\ddot{\omega}_r+[m(a^2k_1+b^2k_2)+(k_1+k_2)I_z]\dot{\omega}_r$$
$$+\left[\frac{a^2k_1+b^2k_2}{u}(k_1+k_2)-mu(ak_1-bk_2)-\frac{(ak_1-bk_2)^2}{u}\right]\omega_r$$
$$=F_w[d_w(k_1+k_2)-(ak_1-bk_2)] \tag{6-10}$$

令：

$$m'=mI_z u,h=m(a^2k_1+b^2k_2)+(k_1+k_2)I_z$$
$$c=\frac{a^2k_1+b^2k_2}{u}(k_1+k_2)-mu(ak_1-bk_2)-\frac{(ak_1-bk_2)^2}{u}$$
$$d=d_w(k_1+k_2)-(ak_1-bk_2)$$

则式(6-10)可以写为：

$$\ddot{\omega}_r+h\dot{\omega}_r+c\omega_r=F_w d$$

两边除以可得：

$$\ddot{\omega}_r+\frac{h}{m'}\dot{\omega}_r+\frac{c}{m'}\omega_r=\frac{F_w d}{m'} \tag{6-11}$$

令：

$$\omega_0^2=\frac{c}{m'},\quad \xi=\frac{h}{2\omega_0 m'}$$

则有：

$$\ddot{\omega}_r+2\omega_0\xi\dot{\omega}_r+\omega_0^2\omega_r=\frac{F_w d}{m'} \tag{6-12}$$

显然式(6-12)的特解为：

$$\omega_r=\frac{F_w d}{m'\omega_0^2}$$

一般来讲，正常的汽车都是小阻尼，即 $\xi<1$，则该方程的通解为：

$$\omega_r=\frac{F_w d}{m'\omega_0^2}+c_1 e^{-\xi\omega_0 t}\cos\omega t+c_2 e^{-\xi\omega_0 t}\sin\omega t \tag{6-13}$$

其中：

$$\omega=\omega_0\sqrt{1-\xi^2}$$

$t=0$ 时，$v=0$，$\omega_r=0$。

由式(6-5)可知，当 $t=0$ 时，有：

$$\dot{\omega}_r=\frac{F_w d_w}{I_s}$$

从而可解得两个常数，即：

$$c_1=-\frac{F_w d}{m'\omega_0^2},c_2=\left(\frac{F_w d}{I_Z}-\frac{F_w d}{m'\omega_0}\xi\right)/\omega \tag{6-14}$$

由式(6-13)和式(6-14)可解得车辆的横摆角速度，由式(6-6)和式(6-7)可以计算得到汽车的侧向速度 v 和侧向加速度 $\dot{v}$，将以上计算过程利用 MATLAB 程序进行计算，从而求出汽车的侧向位移 $s=vt$。

6.2.2　实例计算

6.2.2.1　轿车

参数如下：转动惯量 $I=3880\ \mathrm{kg\cdot m^2}$；质量 $m=1400$ kg；质心距前轴距离 $a=1.46$ m；质心距后轴距离 $b=1.58$ m；前轮侧偏刚度 $k_1=22610$ N/°；后轮侧偏刚度 $k_2=50180$ N/°；K_{cs} 为比例系数，和车辆外形有关，在此以轿车为分析对象，取 $K_{cs}=0.034$；空气密度 $\rho=1.2558\ \mathrm{kg/m^3}$；车辆正投影面积 $A=2.05\ \mathrm{m^2}$；车辆长度按照 4.6 m 计算。

(1)气动中心对车辆动态响应的影响分析。车辆气动中心和质心往往不是重合的。气动中心的位置对车辆的运行状态有着较大的影响。为了分析气动中心位置对车辆动态的响应影响，假设气动中心分别位于质心前 0.4 m、质心后 0.4 m 以及气动中心和质心重合，车辆行驶速度为 80 km/h，侧风风速为 10 m/s，风向垂直于车辆的行驶方向，然后计算得到如图 6-3 至图 6-5 所示的车辆侧向速度、横摆角速度、侧向偏移距离随时间的变化规律(开环系统)。

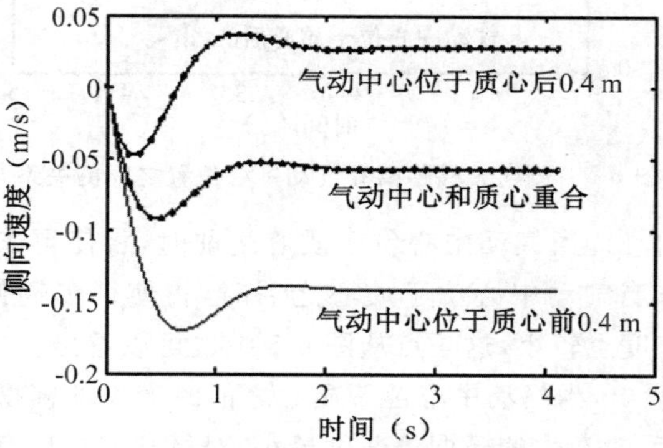

图 6-3　侧向速度和气动中心位置之间的关系

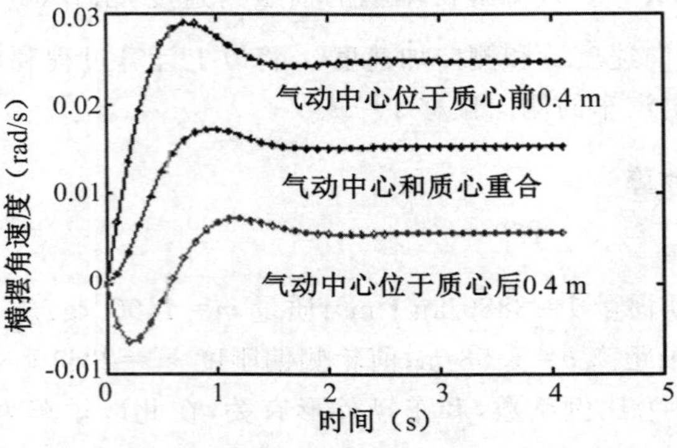

图 6-4 横摆角速度和气动中心位置之间的关系

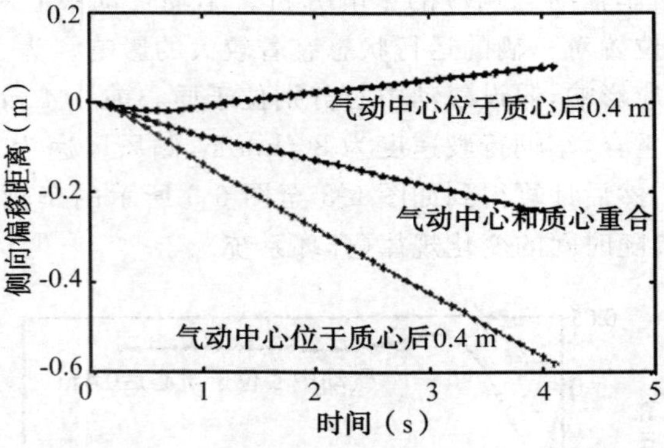

图 6-5 侧向偏移距离和气动中心位置之间的关系

从图 6-3 可以看出，当气动中心位于质心之前时，将使得车辆产生顺风摆动，侧向运动速度较大；当气动中心位于质心之后时，将使得车辆偏离方向和风向相逆，而且侧向偏移速度也较小，这一点从图 6-5 中也可以看出。

从图 6-4 可以看出，当气动中心位于质心之前时产生的横摆角速度最大，当气动中心位于质心之后时产生的横摆角速度最小，对行车安全最有利。

(2)侧风风速对车辆动态响应的分析。以气动中心位于质心之后 0.2 m、车辆行驶速度 60 km/h 为例，利用程序分别计算不同侧风风速情况下车辆的侧向偏移速度、横摆角速度和侧向偏移距离，计算结果如图 6-6 至图 6-8 所示。

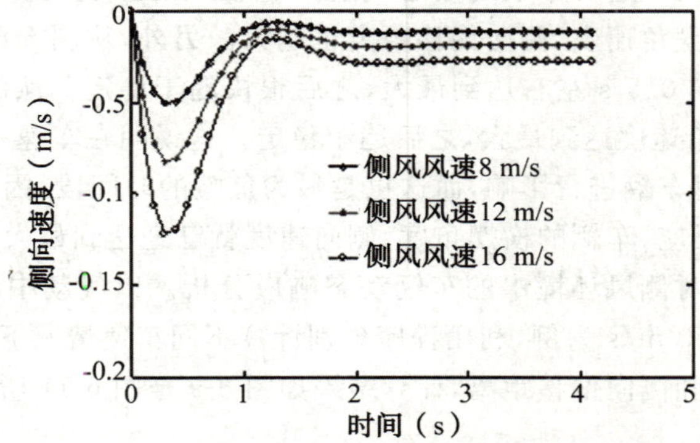

图 6-6　不同侧风风速条件下车辆侧向移动速度

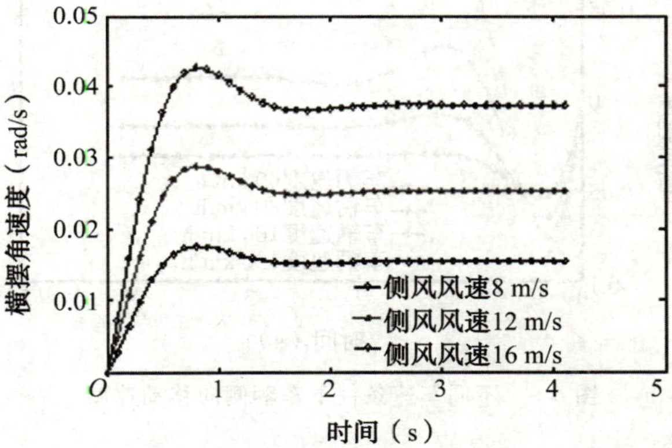

图 6-7　不同侧风风速条件下车辆横摆角速度

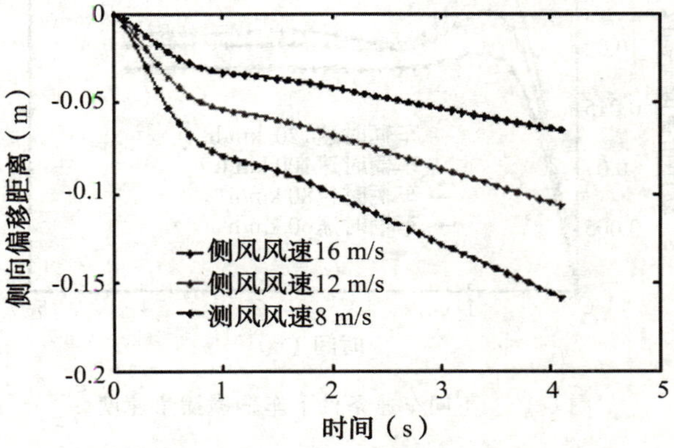

图 6-8　不同侧风风速条件下车辆侧向偏移距离

可以看出，侧风风速对车辆的动态响应产生较大的影响，侧风风速越大，车辆侧向移动距离、横摆角速度、侧向偏移距离也越大。另外，从图 6-6 可以看出，车辆侧向移动的速度在 0.5 s 左右达到最大，之后很快趋于稳定。从图 6-7 可以看出，在 0.5～1 s 横摆角速度达到最大，之后趋于稳定。这说明在车速一定时，侧风主要在第 1 秒时间内对车辆进行影响，而这也是最为危险的时间段，因为在此时间内驾驶员还没来得及反应，车辆的横摆角度、侧向速度就已经达到最大值了。

(3)车辆速度对侧风环境中的车辆动态响应分析。以气动中心位于质心之后 0.2 m、侧风风速 10 m/s 为例，利用程序分别计算不同车速情况下车辆的侧向偏移速度、横摆角速度和侧向偏移距离，计算结果如图 6-9 至图 6-11 所示。

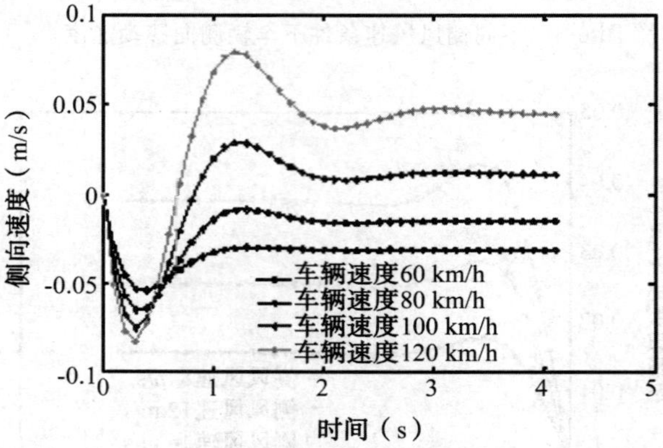

图 6-9　不同车速条件下车辆侧向移动速度

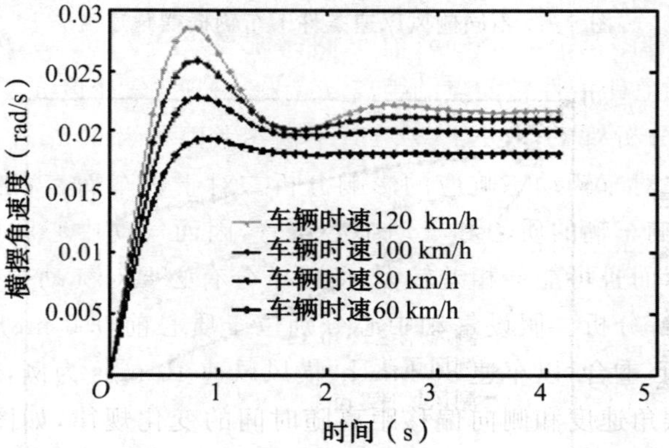

图 6-10　不同车速条件下车辆横摆角速度

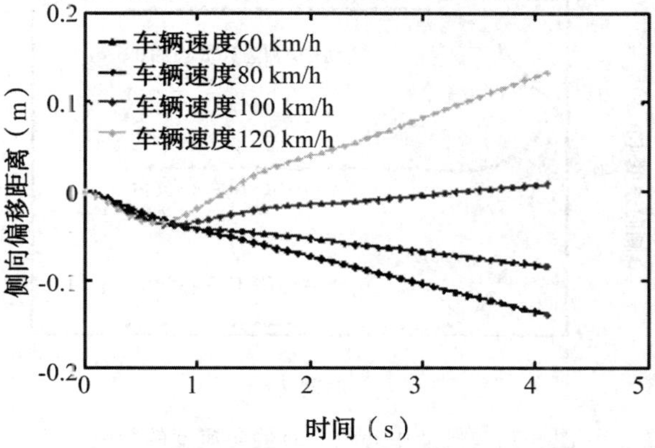

图 6-11　不同车速条件下车辆侧向偏移距离

可以看出，车辆行驶速度对其动态响应产生了较大的影响。从图 6-9 和图 6-10 可以看出，随着车速的增加，侧向偏移速度和横摆角速度明显增大。从图 6-11 可以看出，在车速为 60 km/h，气动中心位于质心之后 0.2 m 的情况下，车辆侧向偏移距离为顺风摆动，但当车速达到 120 km/h 时，车辆会产生逆风摆动，这说明在车辆气动中心位置一定的情况下，车辆速度会改变车辆的偏移方向。但这并不能说明侧风环境下高速行车对行车安全是有利的，因为当速度达到 120 km/h 时，侧向偏移距离较大，而且在一开始的阶段会产生左右摇摆，若驾驶员在此阶段急于修正方向的话，有可能会引发交通事故。

6.2.2.2　货车

参数如下：转动惯量 $I=9885\ \mathrm{kg\cdot m^2}$；质量 $m=6800$ kg；质心距前轴距离 $a=3.2$ m；质心距后轴距离 $b=2.8$ m；前轮侧偏刚度 $k_1=42618\ \mathrm{N/°}$；后轮侧偏刚度 $k_2=80185\ \mathrm{N/°}$；质心距中性转向点的距离 $d_w=0.4$ m；空气密度 $\rho=1.2558\ \mathrm{kg/m^3}$；在此以厢式货车为分析对象，取 $K_{cs}=0.18$；车辆参考面积为 $5.5\ \mathrm{m^2}$。

(1)气动中心对车辆动态响应的影响分析。对于货车而言，由于货物形态、质量等因素都会影响车辆的质心和气动中心位置，因而气动中心和质心的位置产生偏差是很常见的，而且可能会相差较大，所以十分有必要对气动中心位置对车辆动态响应的影响进行分析。假设气动中心分别位于质心前 0.6 m、质心后 0.6 m 以及气动中心和质心重合，以车速 80 km/h、横风风速 10 m/s 为例，经过计算得到车辆侧向速度、横摆角速度和侧向偏移距离随时间的变化规律，如图 6-12 至图 6-14 所示。

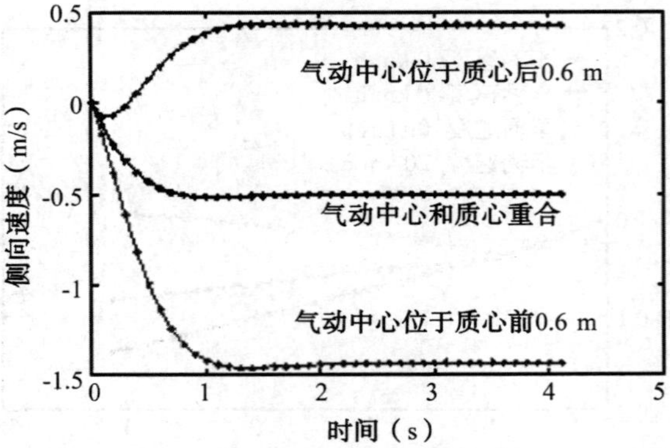

图 6-12　气动中心位置对侧向速度的影响

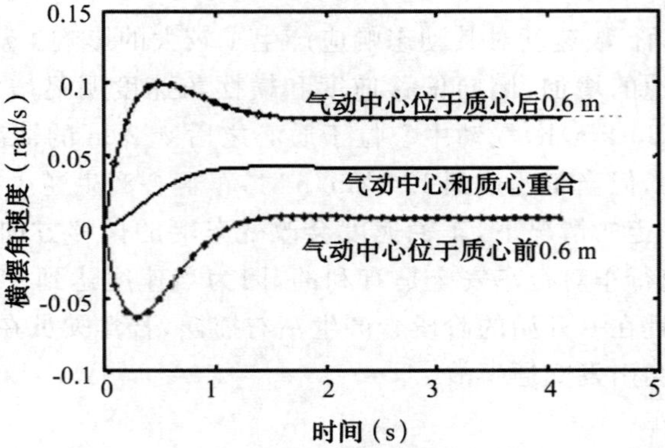

图 6-13　气动中心位置对横摆角速度的影响

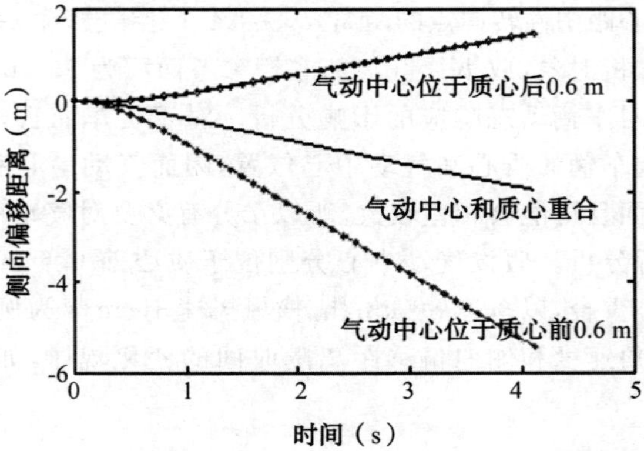

图 6-14　气动中心位置对侧向偏移距离的影响

可以看出，气动中心位置对车辆的动态响应有着较大的影响。当车速 80 km/h、横风风速 10 m/s 时，从图 6-12 可以看出，当气动中心位于质心之后 0.6 m 时，在 1 s内车辆的侧向速度达到 0.5 m/s；当气动中心位于质心之前 0.6 m 时，在 1 s 内车辆顺风摆动，侧向偏移速度迅速达到 1.5 m/s，这是比较危险的。从图 6-14 可以看出，气动中心位于质心之前 0.6 m 时，在驾驶员不做任何修正的情况下，4 s 内车辆的侧向偏移距离达到了 6 m。

(2)侧风风速对车辆动态响应的分析。以车辆行驶速度 80 km/h、气动中心和质心重合为例，经过计算得到如图 6-15 和图 6-16 所示的侧向偏移速度和横摆角速度随时间的变化曲线。

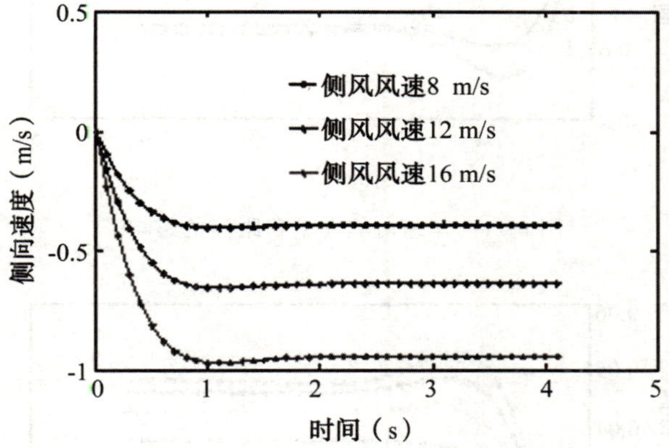

图 6-15　风速对侧向偏移速度的影响

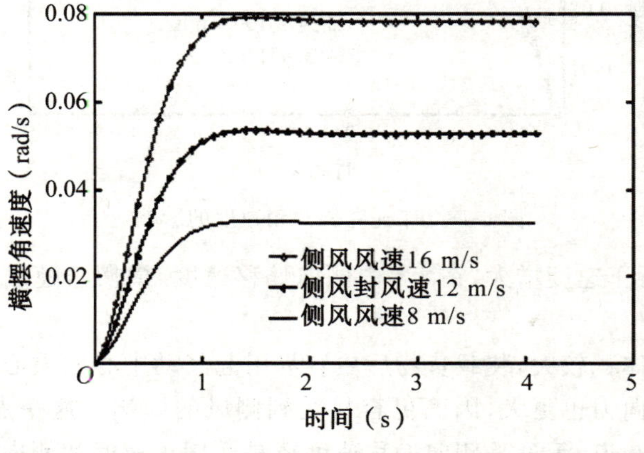

图 6-16　风速对横摆角速度的影响

可以看出，侧风风速增大，在 1 s 内侧向偏移速度、横摆角速度会急剧增加，以后趋于稳定。

(3)车辆行驶速度对车辆动态响应的分析。以侧向风速度 10 m/s、气动中心和质心重合为例,经过计算得到如图 6-17 和图 6-18 所示的侧向偏移速度和横摆角速度随时间的变化曲线。

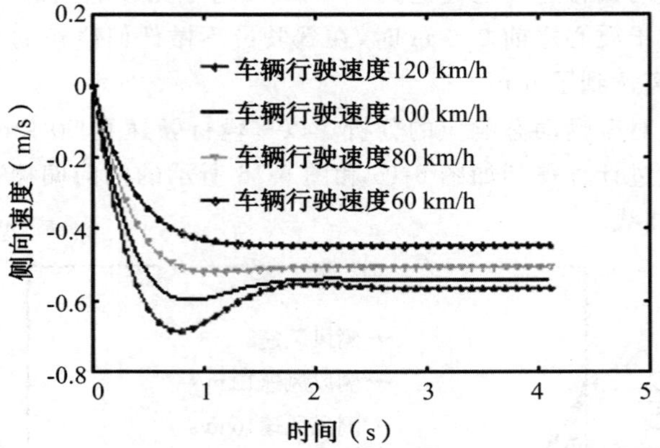

图 6-17　车速对侧向偏移距离的影响

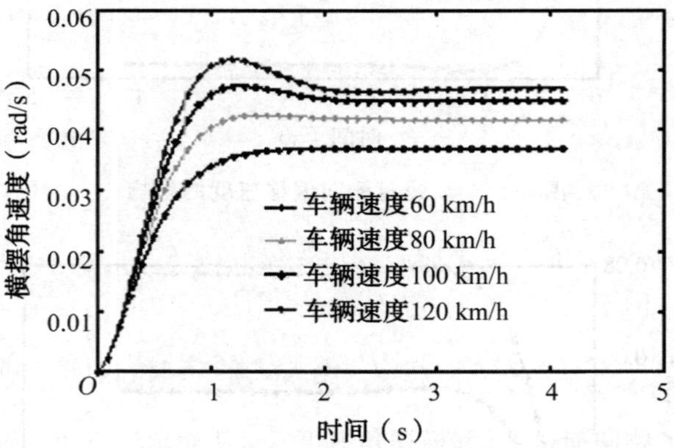

图 6-18　车速对横摆角速度的影响

可以看出,行车速度增大,在 1 s 内侧向偏移速度、横摆角速度会急剧增加,以后趋于稳定。

因为货车的体积较大,装载货物后更容易引起气动中心和质心位置的改变,同时受到的气动侧向力也更大,因而更容易受到侧风的影响。这一点从货车的动态响应来看也可以知道,无论是侧向偏移速度还是横摆角速度和侧向偏移距离,都要远远大于轿车。

6.3　汽车驶入侧风区模型及求解

6.3.1　汽车驶入侧风区模型及求解

当车辆以一定的车速驶入侧风区时，侧风对车辆的作用面积会迅速增大，风压中心位置会发生飘移，侧风作用力也会迅速增大，即侧风对车辆的影响是一个变化过程。为了分析方便，做一定的假设：忽略车辆形状对风压中心飘移的影响，认为车辆为矩形，匀速前进；当车辆为矩形且匀速前进时，风压中心飘移的速度和车辆行驶的速度成正比。

设车辆行驶速度为 u，车辆长度为 L，车辆正投影面积为 A，车辆完全驶入侧风区的时间为 $t_0=\dfrac{L}{u}$。

车辆固有气动中心和车辆自身形状相关，在此认为：固有气动中心和质心重合；固有气动中心位于质心之后一定距离；固有气动中心位于质心之前一定距离。

6.3.1.1　固有气动中心和质心重合

风压中心随着车辆的前进迅速飘移，车辆完全驶入侧风区后，风压中心和车辆固有气动中心重合，即和质心重合，则风压中心的位置随时间的变化方程为 $d_w=a-\dfrac{at}{t_0}$，$0\leqslant t\leqslant t_0$。将 d_w 代入式(6-6)和式(6-13)，就可以计算出车辆的侧向速度 v、侧向加速度 $\dot{v}$ 和横摆角速度 w_r，从而求出汽车的侧向位移 $s=vt$。

6.3.1.2　固有气动中心位于质心之后一定距离 a_w

固有气动中心位于质心之后一定距离 a_w，则风压中心的位置随时间的变化方程为 $d_w=a-\dfrac{(a+a_w)}{t_0 t}$，$0\leqslant t\leqslant t_0$。将 d_w 代入式(6-6)和式(6-13)，就可以计算出车辆的侧向速度 v、侧向加速度 $\dot{v}$ 和横摆角速度 w_r，从而求出汽车的侧向位移 $s=vt$。

6.3.1.3　固有气动中心位于质心之前一定距离 a_w

固有气动中心位于质心之前一定距离 a_w，则风压中心的位置随时间的变化方程为：$d_w=a-\dfrac{(a-a_w)}{t_0 t}$，$0\leqslant t\leqslant t_0$。将 d_w 代入式(6-6)和式(6-13)，就可以计算出车辆的侧向速度 v、侧向加速度 $\dot{v}$ 和横摆角速度 w_r，从而求出汽车的侧向位移 $s=vt$。

6.3.2　实例计算

6.3.2.1　轿车

参数如下：转动惯量 $I=3800\ \mathrm{kg\cdot m^2}$；质量 $m=1400\ \mathrm{kg}$；质心距前轴距离 $a=$

1.46 m；质心距后轴距离 $b=1.58$ m；前轮侧偏刚度 $k_1=22610$ N/°；后轮侧偏刚度 $k_2=50180$ N/°；K_{cs} 为比例系数，和车辆外形有关，本章以轿车为分析对象，取 $K_{cs}=0.034$；空气密度 $\rho=1.2558$ kg/m³；车辆正投影面积 $A=2.05$ m²；车辆长度为 4.6 m。

(1)气动中心位置对车辆动态响应的影响。为了分析气动中心位置对车辆驶入侧风区这一极为短暂的过程中车辆的动态响应，假设气动中心分别位于质心前 0.2 m、质心后 0.2 m 以及气动中心和质心重合，车辆行驶速度为 100 km/h，侧风风速为 10 m/s，风向垂直于车辆的行驶方向，然后计算得到如图 6-19 和图 6-20 所示的车辆侧向速度、横摆角速度随时间的变化规律(开环系统)。

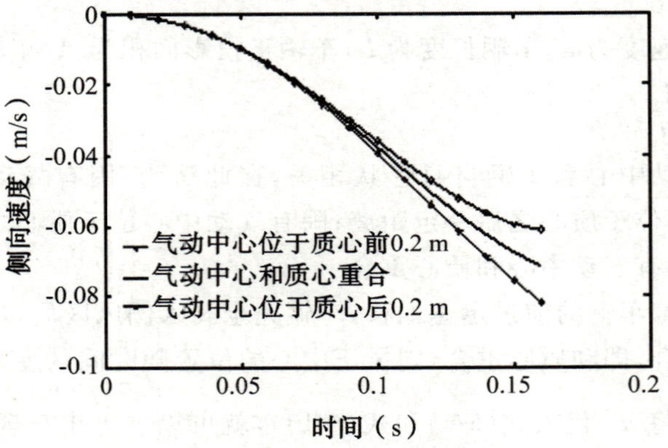

图 6-19　气动中心对车辆侧向速度的影响

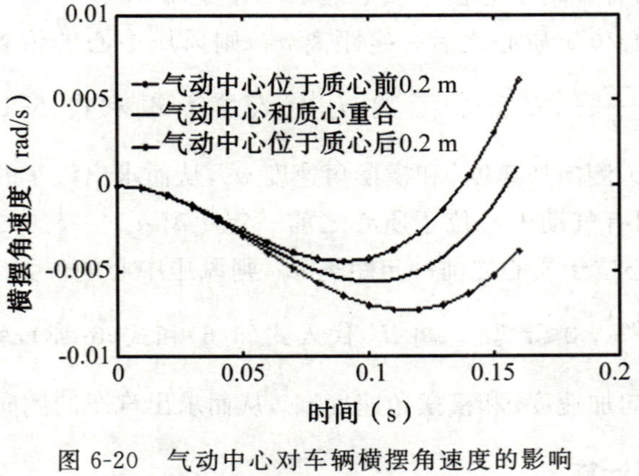

图 6-20　气动中心对车辆横摆角速度的影响

由图 6-19 可以看出，由于轿车的车速较快，驶入侧风区的过程很短，所以质心位置对车辆侧向偏移速度的影响较小，但对车辆横摆角速度的影响较大，这一点从

图 6-20 也可以看出。

(2)车速对车辆动态响应的影响。以风速 10 m/s、质心和气动中心重合为例,经过计算得到不同行驶速度条件下车辆的侧向速度、横摆角速度随时间的变化曲线,如图 6-21 和图 6-22 所示。

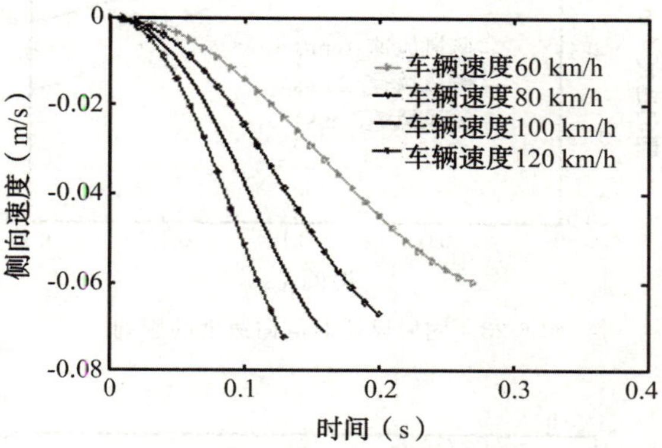

图 6-21 车速对侧向速度的影响

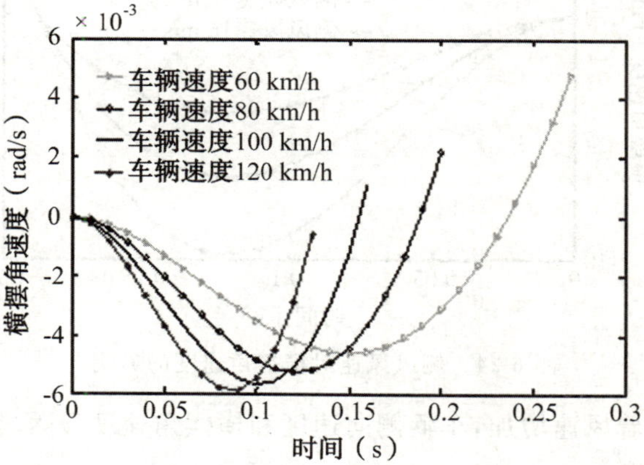

图 6-22 车速对横摆角速度的影响

可以看出,在车辆驶入侧风区较为短暂的时间内,车速对车辆的侧向偏移速度有着一定的影响。但当车辆完全驶入侧风区后,最终的侧向移动速度相差不大,只是车速越快,完全驶入侧风区的时间越短;但横摆角速度相差较大,车速越快,驶入侧风区的时间越短,至车辆完全驶入侧风区后,经历的时间越长,横摆角速度就越大。

(3)侧风风速对横摆角速度的影响。以车辆速度 80 km/h、质心和气动中心重合为例,利用程序分别计算不同侧风风速情况下车辆的侧向速度和横摆角速度,计算结果如图 6-23 和图 6-24 所示。

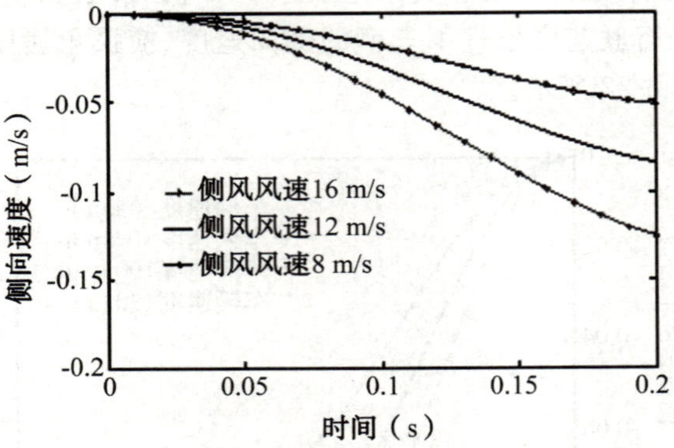

图 6-23　侧风风速对侧向速度的影响

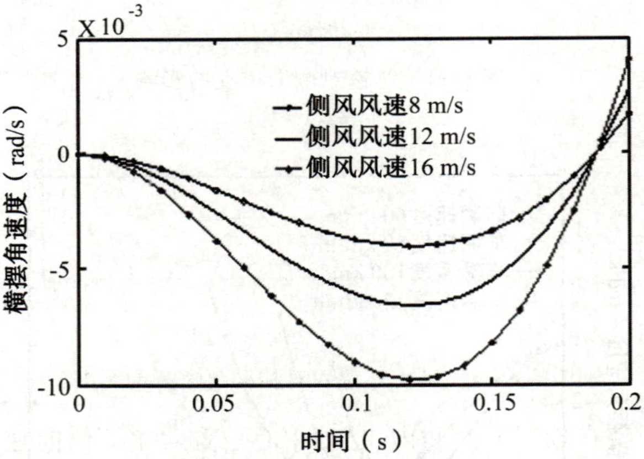

图 6-24　侧风风速对横摆角速度的影响

可以看出，随着风速增加，车辆侧向速度和横摆角速度显著增加。

6.3.2.2　货车

参数如下：转动惯量 $I=9885\ \text{kg}\cdot\text{m}^2$；质量 $m=6800$ kg；质心距前轴距离 $a=3.2$ m；质心距后轴距离 $b=2.8$ m；前轮侧偏刚度 $k_1=42618$ N/°；后轮侧偏刚度 $k_2=80185$ N/°；空气密度 $\rho=1.2558\ \text{kg/m}^3$；$K_{cs}=0.18$；车辆参考面积 5.5 m^2。

(1)风压中心位置对车辆动态响应的影响。以固有气动中心和质心重合、固有气动中心位于质心之后 0.6 m、固有气动中心位于质心之前 0.6 m 为例，车辆在出隧道口后，以 60 km/h 的速度驶入侧风区，侧风风速为 10 m/s，分别对车辆的侧向速度、横摆角速度进行计算。计算结果如图 6-25 和图 6-26 所示。

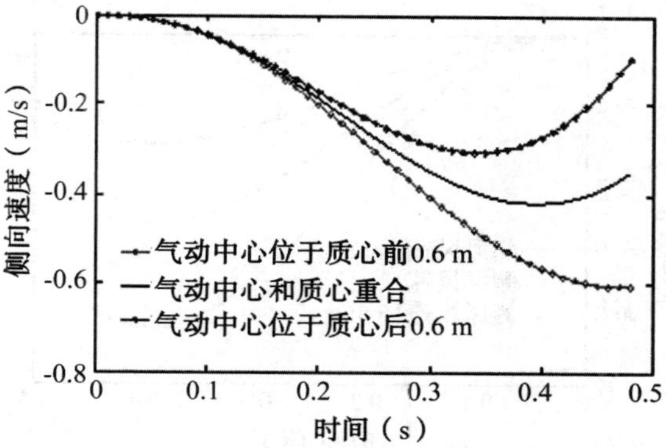

图 6-25　气动中心位置对侧向速度的影响

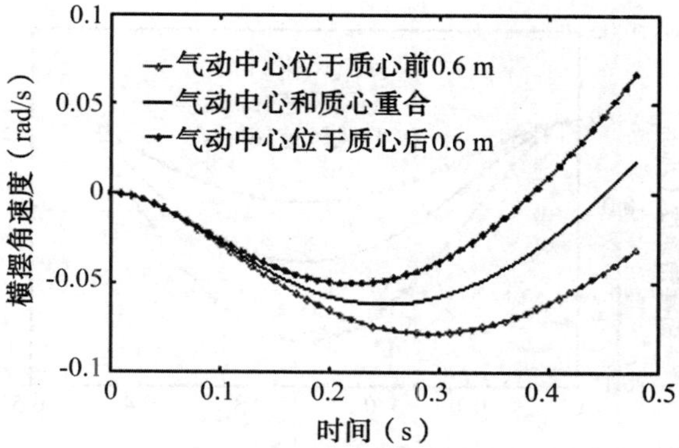

图 6-26　气动中心位置对横摆角速度的影响

可以看出，即使在较短的时间内，气动中心位置对车辆侧向速度和横摆角速度也会产生较明显的影响。当气动中心位于质心之前 0.6 m 时，顺风向侧偏速度要明显大于气动中心位于质心之后 0.6 m 的情况，这是由于气动中心位于质心之后 0.6 m 时，一开始风压中心位于车辆靠前的位置，先产生了一个顺风摆动，随着风压中心后移，顺风摆动现象减弱，但减弱较慢；对于气动中心位置位于质心之后的情况而言，在开始阶段，车辆也是顺风摆动，但随着风压中心后移，顺风摆动现象减弱，而且减弱的速度较快。所以，气动中心的位置对车辆是产生顺风摆动还是产生逆风摆动起着决定性作用。

(2)侧风风速对车辆动态响应的影响。以气动中心和质心重合为例，在车辆以 60 km/h 的速度驶出隧道至车辆完全处于侧风中的这段时间内，分析侧风风速对车辆侧向速度、横摆角速度和侧向加速度的影响。经过计算，结果如图 6-27 至图 6-29 所示。

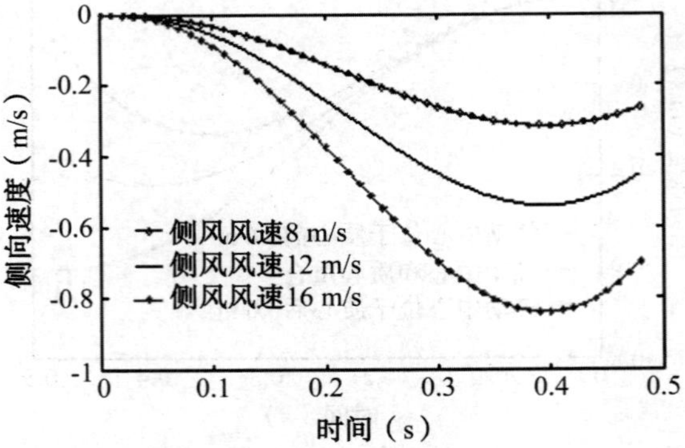

图 6-27　侧风风速对侧向速度的影响

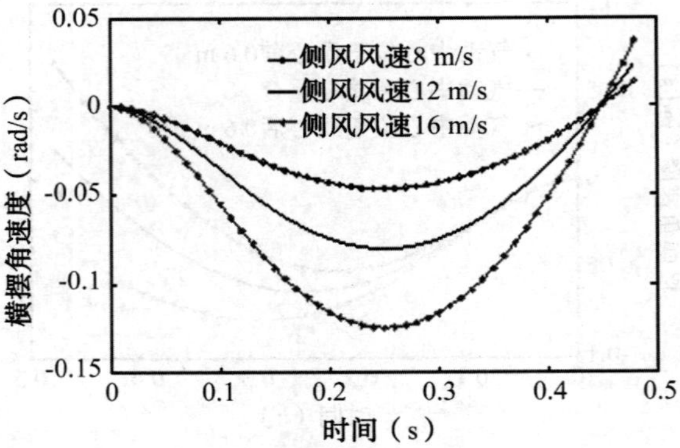

图 6-28　侧风风速对横摆角速度的影响

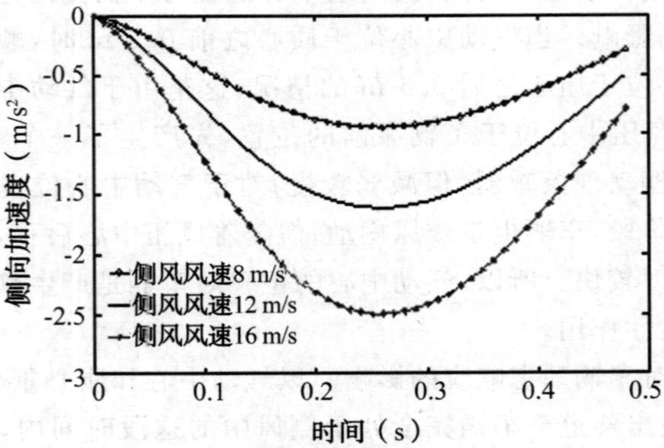

图 6-29　侧风风速对侧向加速度的影响

可以看出，侧风风速对车辆的动态响应有较大的影响，侧风风速越大，车辆侧向速度、横摆角速度以及侧向加速度都无一例外地出现了快速增加的情况，尤其是侧向加速度变化更大，这一点和轿车相差较大。

(3)车辆速度对车辆动态响应的影响。以气动中心和质心重合为例，在车辆驶出隧道至车辆完全处于 10 m/s 的侧风中的这段时间内，分析车速对车辆侧向速度、横摆角速度和侧向加速度的影响。经过计算，结果如图 6-30 至图 6-32 所示。

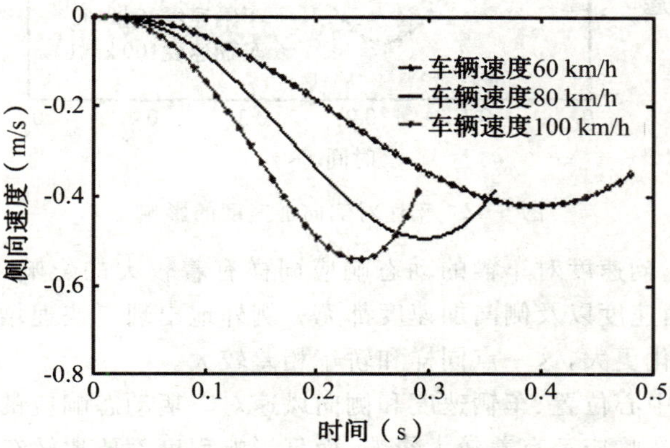

图 6-30　车速对侧向速度的影响

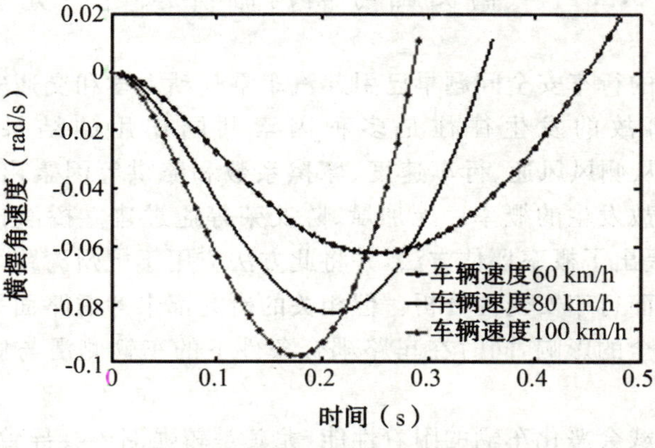

图 6-31　车速对横摆角速度的影响

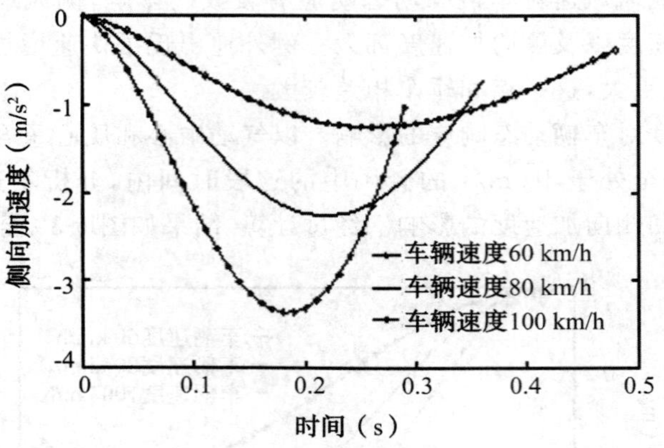

图 6-32　车速对侧向加速度的影响

可以看出，车辆速度对车辆的动态响应同样有着较大的影响，车速越高，车辆侧向速度、横摆角速度以及侧向加速度都无一例外地出现了快速增加的情况，尤其是侧向加速度变化更大，这一点同样和轿车相差较大。

经过对气动中心位置、车辆速度和侧向风速对车辆动态响应的计算分析，发现这三者对车辆动态响应都有着较大影响，而且影响程度都要比轿车高得多。

6.4　车辆侧翻与侧滑临界风速研究

侧风作用下的行车安全问题早已引起汽车空气动力学和交通安全研究者的重视[62～66]。交通事故的发生往往是多种因素共同作用的结果。史奈伯杰森(Snæbjörnsson)从侧风风速、行车速度、摩擦系数和路拱等因素出发，以事故率为指标评估交通事故发生的概率。庞加斌、陈艾荣等通过建立桥面行车高度的等效风速概率模型，提出了概率评估方法，并将此方法应用于杭州湾跨海大桥和苏通长江公路大桥的桥面行车安全性分析。但相关的研究都未考虑路面平整度引起的车辆振动对行车安全的影响，同时在车路耦合条件下的车辆侧滑与侧翻概率大小也未见相关研究。

向上的动荷载会恶化车辆的附着性能，尤其是较强侧风会导致汽车发生侧滑，甚至是侧翻。本章从路面平整度引起车辆振动产生动荷载的概率分布出发，综合考虑侧风、车速、路面摩擦系数和平面线形等因素，对车辆不发生侧滑和侧翻的临界风速进行了计算和对比分析，并给出了各因素对车辆侧翻和侧滑的影响程度。

6.4.1　侧风效应对行车安全的影响

已有多位学者对侧风对行车安全的影响进行了研究，但除了车辆空气动力学研究学者对车辆动态响应进行研究外，已有的研究基本上是结合沿海或者跨海大桥进行的。

车辆侧风效应包括以下三类：

(1)低速风效应。在较低风速条件下，气动升力因侧风而增加，气动稳定性下降，汽车高速行驶时，驾驶员路感变差，这主要是行车舒适性问题。

(2)高速风效应。在高速风条件下可能发生三大类事故，即侧翻、侧滑和严重偏向，这主要是安全性问题。

(3)脉动风效应。当自然风的脉动能谱与车辆悬挂系统的特征频率相近时，会引起车辆悬挂系统的共振，从而影响行车舒适性。

高速风效应是引起车辆交通事故的主要因素，即车辆在侧风作用下，尤其是在多种因素共同影响下，侧向力超过地面和车轮之间的附着力，使得汽车产生侧滑，失去正常行驶的能力；或者产生以外侧车轮为支点的侧向力矩过大，造成车辆侧翻。本节将侧滑和侧翻作为车辆行驶的不安全状态进行控制，从而分析出车辆侧滑和侧翻的临界风速，为行车安全研究和交通安全措施的制定提供基本依据。

6.4.2　影响行车安全的多种因素及取值

动荷载可看作按照一定概率分布的、大小不同的一系列静荷载。考虑侧风力、离心力、空气升力和路面湿滑等多种不利因素共同作用，借助车辆静力模型分析车辆行车安全性。

6.4.2.1　侧风力

侧风力的大小为：

$$F_{sw}=0.5C_{S}\rho Au_r^2$$

式中：A——车辆参考面积；

C_S——侧向气动力系数；

ρ——空气密度；

u_r——合成风速，$u_r^2=u^2+w^2$，u 为车辆行驶速度，w 为侧风风速。

在本章侧向气动力中已经进行了分析。

6.4.2.2　空气升力

空气升力的大小为：

$$F_{Zw}=0.5C_{L}\rho Au_r^2$$

式中：A——车辆参考面积；

C_L——空气升力系数；

ρ——空气密度；

u_r——合成风速，$u_r^2=u^2+w^2$，u 为车辆行驶速度，w 为侧风风速。

空气升力系数 C_L 与风向角 β 之间基本成正比关系，即 $C_L = K_L \times \beta$，在此取 0.04。

升力是由汽车行驶过程中车身上部和车身底部空气流速不等形成的压力差而造成的。升力不通过重心时，对汽车产生仰俯力矩。升力使车轮有抬升的趋势，减小驱动轮胎的附着力，降低转向轮的侧向附着力和侧偏刚度，从而使得转向性能变差。

6.4.2.3　离心力

将车辆看作整体运动的质点，根据离心力计算公式可得：

$$F=\frac{mv^2}{R}$$

式中：R——曲线半径；

v——车辆运行速度；

m——车辆的质量。

6.4.2.4　路面不平整引起的动荷载及其分布概率

根据 3.3.3 路面随机输入下的动荷载系数均值可以知道车辆的动荷载为：

$$F_d = G \times DLC$$

对线性系统来讲，如果输入是正态分布的，则输出也是正态分布的。路面的随机输入和汽车振动响应都基本上符合零均值的正态分布，按照正态分布的标准可以求得动荷载系数 DLC 分布在某范围内的概率。因动荷载有正负之分，所以表 6-1 中的分布概率只有 50%。

表 6-1　向上的动荷载系数概率分布

动荷载系数范围	$\geqslant 3\times\sigma_{F_d/G}$	$\geqslant 2.5\times\sigma_{F_d/G}$	$\geqslant 2.0\times\sigma_{F_d/G}$	$\geqslant 1.5\times\sigma_{F_d/G}$	$\geqslant 1.0\times\sigma_{F_d/G}$	$\geqslant 0.5\times\sigma_{F_d/G}$	$\geqslant 0\times\sigma_{F_d/G}$
分布概率(%)	0.135	0.621	2.275	6.681	15.866	30.846	50

可以看出，DLC 的取值决定了其分布概率，DLC 越大，概率越小。

6.4.2.5　路面摩擦系数

根据 4.3.5 的研究，可知新建高速公路沥青路面摩擦系数高达 0.80；使用时间较长的沥青路面（AC 面层），摩擦系数约为 0.6；水泥混凝土路面摩擦系数较低，表面拉毛时为 0.53，表面不拉毛时为 0.47；当路面积雪时，摩擦系数为 0.15。根据相关研究，可知潮湿状态的沥青路面摩擦系数只有 0.5；当路面有冰层覆盖时，其摩擦系数仅为 0.07[55,56]。

6.4.2.6　超高

根据我国《公路路线设计规范》(JTG D20—2017)[85] 的规定可知，当圆曲线半径小于规定的不设超高的圆曲线最小半径时，应当在曲线上设置超高。超高的横坡度应根据设计速度、圆曲线半径、路面类型、自然条件和车辆组成等情况确定，必要时应按运行车速予以检验。

各级公路圆曲线最大超高值如表 6-2 所示。

表 6-2　各级公路圆曲线最大超高值

公路等级	高速公路、一级公路	二级、三级、四级公路
一般地区(%)	8 或者 10	8
积雪冰冻地区(%)	6	

在计算时，本章主要考虑路面湿滑对行车安全的影响，同时为了减少计算量，所有的超高值都取 6%。

6.4.2.7　曲线半径与设计时速

根据我国《公路路线设计规范》(JTG D20—2017)[85]的规定，我国各级公路的设计车速如表 6-3 所示，圆曲线最小半径如表 6-4 所示。

表 6-3　各级公路设计车速

公路等级	高速公路			一级公路			二级公路		三级公路		四级公路
设计车速(km/h)	120	100	80	100	80	60	80	60	40	30	20

表 6-4　圆曲线最小半径

设计速度(km/h)		120	100	80	60	40	30	20
圆曲线最小半径(m)	一般值	1000	700	400	200	100	65	30
	极限值	650	400	250	125	60	30	15

6.4.3　不考虑动荷载的侧风环境下的行车安全分析

6.4.3.1　以不发生侧滑为指标的行车安全分析

汽车的侧滑是指汽车在做高速曲线运动或者制动过程中，由于侧向附着力达到了极限状态，而引起的车辆剧烈的回转运动，这是引起汽车交通事故常见的原因之一。

当车辆不发生侧滑时，须满足车辆所受的侧向力小于路面提供的最大附着力，受力分析如图 6-33 所示。

$$F_a + F_{sw} - G\sin i \leqslant C_\varphi (G\cos i - F_{Zw}) \tag{6-15}$$

其中，i 为平曲线超高值。

车辆处于将要发生侧滑的临界状态时，式(6-15)取等号，将 F_a、F_{sw}、F_{Zw} 和 F_d 带入并整理可得：

$$(v^2+u^2)\arctan\left(\frac{v}{u}\right)=\frac{C_\varphi G\cos i+G\sin i-\frac{mu^2}{R}}{0.5\rho A(K_{cs}+K_{cL})} \tag{6-16}$$

式中：F_{sw}——侧风力；

F_{Zw}——空气升力；

F_a——离心力；

F_d——动荷载；

G——车辆重力；

L——两轮间距；

i——公路路拱或者超高；

H——车辆重心高度。

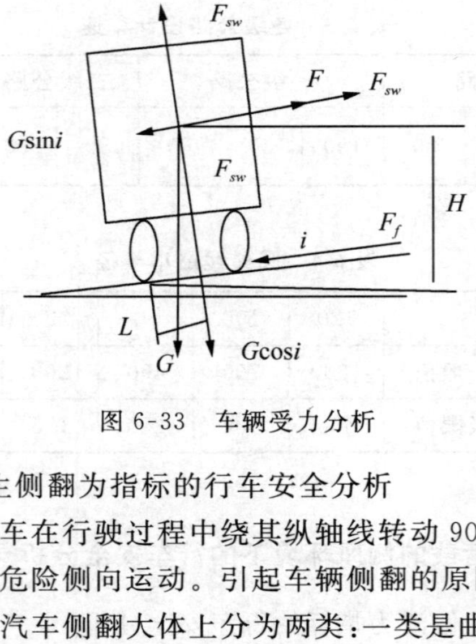

图 6-33　车辆受力分析

6.4.3.2　以不发生侧翻为指标的行车安全分析

汽车的侧翻是指汽车在行驶过程中绕其纵轴线转动 90°或者更大角度，以致车身与地面相接触的一种危险侧向运动。引起车辆侧翻的原因很多，包括汽车结构、驾驶员和道路条件等。汽车侧翻大体上分为两类：一类是曲线运动引起的侧翻，另一类是绊倒侧翻。前者是由于汽车的侧向加速度超过一定限值，使得汽车内侧车轮的垂直力为零而引起的侧翻，后者是由于车辆行驶过程中与障碍物相撞而引起的侧翻。在侧风环境下行车时，侧向力过大，引起侧向加速度过大，易引起侧翻，因而大风天气下的车辆侧翻属于第一类。

忽略车厢侧倾引起的汽车质心位置的改变，认为悬架是刚性体，并和车厢成为一个整体，则当车辆不发生侧翻时，车辆所受的侧翻力矩小于车辆的稳定力矩，受力分析同样如图 6-33 所示，满足的关系式为：

$$(F_a + F_{sw} - G\sin i) \times H \leqslant (G\cos i - F_{Zw}) \times L \tag{6-17}$$

车辆处于将要发生侧翻的临界状态时，式(6-17)取等号，将 F_a、F_{sw}、F_{Zw} 带入并整理可得：

$$(v^2 + u^2)\arctan\left(\frac{v}{u}\right) = \frac{L \times G\cos i + H \times \left(G\sin i - \frac{mu^2}{R}\right)}{0.5\rho(H \times K_{cs}A + L \times K_{cL}A)} \tag{6-18}$$

式(6-16)和式(6-18)为非线性方程，在此采用牛顿迭代法求解，并将侧滑和侧翻临界状态时的侧风风速定义为侧滑临界风速和侧翻临界风速。

几种常见车辆类型的质心高度和轮距如表 6-5 所示。

表 6-5　车辆质心高度和轮距

车辆类型	质心高度(cm)	轮距(cm)
跑车	46.5	127.1
微型轿车	51.6	127.1
客货两用车	76.9	165.2
中型货车	114.2	165.2
重型货车	154.2	178.2

6.4.4　考虑动荷载的侧风环境下的行车安全分析

6.4.4.1　以不发生侧滑为指标的行车安全分析

当考虑动荷载且车辆不发生侧滑时，须满足车辆所受的侧向力小于路面提供的最大附着力，受力分析如图 6-34 所示。

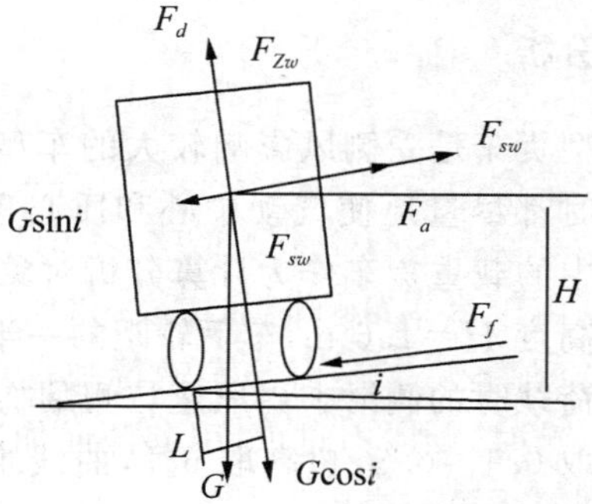

图 6-34　车辆受力分析

$$F_a + F_{sw} - G\sin i \leqslant C_{\varphi}(G\cos i - F_d - F_{Zw}) \tag{6-19}$$

其中，i 为平曲线超高值。

车辆处于将要发生侧滑的临界状态时，式(6-19)取等号，将 F_a、F_{sw}、F_{Zw} 和 F_d 带入并整理可得：

$$(v^2+u^2)\arctan\left(\frac{v}{u}\right)=\frac{C_\varphi G\cos i+G\sin i-C_\varphi G\times DLG-\frac{mu^2}{R}}{0.5\rho(K_{cs}A+K_{d}A)} \tag{6-20}$$

式中：F_{sw}——侧风力；

F_{Zw}——空气升力；

F_a——离心力；

F_d——动荷载；

G——车辆重力；

L——两轮间距；

i——公路路拱或者超高；

H——车辆重心高度。

6.4.4.2　以不发生侧翻为指标的行车安全分析

当车辆不发生侧翻时，车辆所受的侧翻力矩小于车辆的稳定力矩，受力分析如图 6-34 所示。

$$(F_a+F_{sw}-G\sin i)\times H\leqslant(G\sin i-F_{Zw})\times L \tag{6-21}$$

车辆处于将要发生侧翻的临界状态时，式(6-21)取等号，将 F_a、F_{sw}、F_{Zw} 和 F_d 带入并整理可得：

$$(v^2+u^2)\arctan\left(\frac{v}{u}\right)=\frac{L\times G(\cos i-DLC)+H\times\left(G\sin i-\frac{mu^2}{R}\right)}{0.5\rho(H\times K_{cs}A+L\times K_{d}A)} \tag{6-22}$$

式(6-20)和式(6-22)为非线性方程，在此采用牛顿迭代法求解，并将侧滑和侧翻临界状态时的侧风风速定义为侧滑临界风速和侧翻临界风速。

6.4.5　计算实例与分析

相关的研究表明，重型货车是受侧风影响较大的车型[55~57]。为了降低车辆的横摆角速度，车辆在设计时都尽量地使气动中心和质心重合。在此假定气动中心和质心重合。以6.3.2.2中的载重货车作为计算分析对象，取车辆的正投影面积为 7.8 m^2，车辆重心离地面高度 H=1.6 m，车辆轮距的一半 L=0.9 m。

6.4.5.1　不考虑动荷载时的侧滑临界风速与侧翻临界风速分析

参数取值：摩擦系数取 0.1～0.8，超高取 6%，曲线半径依据不同设计速度进行取值，考虑不利情况取一般最小值。

采用牛顿迭代法求解式(6-2)和式(6-4)，得到不同时速下的临界风速。高等级公路侧滑临界风速和侧翻临界风速如表6-6所示，低等级公路侧滑与侧翻临界风速如表6-7所示。

表6-6　高等级公路不考虑动荷载时的临界风速计算表

侧滑临界风速(m/s)										侧翻临界风速(m/s)
设计速度(km/h)	曲线半径(m)	摩擦系数								
		0.1	0.2	0.3	0.4	0.5	0.6	0.7	0.8	
60	200	1.8	10.0	15.1	18.7	21.7	24.1	26.3	28.2	23.3
80	400	2.7	9.4	14.3	18.4	21.1	23.6	25.8	27.8	22.7
100	700	3.0	9.2	13.7	17.4	20.4	23.0	25.3	27.3	21.7
120	1000	2.5	7.4	11.7	15.3	18.4	21.1	23.5	25.6	20.2

表6-7　低等级公路不考虑动荷载时的临界风速计算表

侧滑临界风速(m/s)										侧翻临界风速(m/s)
设计速度(km/h)	曲线半径(m)	摩擦系数								
		0.1	0.2	0.3	0.4	0.5	0.6	0.7	0.8	
40	100	4.8	12.4	16.8	20.0	22.7	24.9	26.9	28.6	24.1
60	200	1.8	10.0	15.1	18.7	21.7	24.1	26.3	28.2	23.3
80	400	2.7	9.4	14.3	18.0	21.1	23.6	25.8	27.8	22.7

可以看出：

(1)摩擦系数对临界侧滑风速影响十分显著，摩擦系数越大，侧滑风速就越大。

(2)车速对临界侧滑风速和临界侧翻风速产生了一定的影响，但是没有摩擦系数的影响大。

(3)对重型货车而言，在正常路面条件下，先发生侧翻；但当路面潮湿或者有积雪、结冰情况下，路面摩擦系数低于0.6时，车辆先发生侧滑。

6.4.5.2　考虑路面平整度影响时的临界风速分析

(1)动荷载系数。五自由度车辆振动模型比二自由度模型更加接近真实情况，因此采用五自由度模型计算车辆的动荷载。根据计算结果可知，后轮胎的动荷载系数比前轮胎的动荷载系数略大，同时考虑不利情况，取后轮胎的动荷载系数作为计算依据。

(2)高等级公路临界风速计算。将高等级公路动荷载系数均值代入表6-1，可以得到不同车辆时速下动荷载系数分布范围及其分布概率，如表 6-8 所示。

表 6-8　高等级公路动荷载系数分布范围及其分布概率

车辆时速(km/h)	动荷载系数分布范围						
120	≥0.193	≥0.161	≥0.129	≥0.096	≥0.064	≥0.032	≥0
100	≥0.191	≥0.159	≥0.127	≥0.095	≥0.063	≥0.031	≥0
80	≥0.166	≥0.138	≥0.111	≥0.083	≥0.055	≥0.027	≥0
60	≥0.124	≥0.103	≥0.082	≥0.062	≥0.041	≥0.021	≥0
分布概率(%)	0.135	0.621	2.275	6.681	15.866	30.846	50

不同的分布概率条件下，动荷载系数大小不一样。在此取不利情况，动荷载系数分布概率为 0.135%进行计算。将该概率条件下的动荷载系数代入式(6-16)和式(6-18)，并采用牛顿迭代法求解，得到不同车速情况下的侧滑临界风速和侧翻临界风速，如表 6-9 所示。

表 6-9　高等级公路考虑动荷载时的临界风速计算表

侧滑临界风速(m/s)										侧翻临界风速(m/s)
设计速度(km/h)	曲线半径(m)	摩擦系数								
		0.1	0.2	0.3	0.4	0.5	0.6	0.7	0.8	
60	200	0.6	8.3	13.4	16.9	19.8	22.1	24.2	26.0	21.3
80	400	1.5	7.4	11.9	15.5	18.4	20.8	22.9	24.8	20.0
100	700	2.2	7.1	11.2	14.5	17.2	19.7	21.8	23.7	18.4
120	1000	1.46	5.5	9.2	12.4	15.2	17.6	19.8	21.7	16.8

(3)低等级公路临界风速计算。同样，将表 3-6 中的低等级公路动荷载系数均值代入表 6-1 中，就可以得到不同车辆时速下动荷载系数分布范围及其分布概率，如表 6-10 所示。

表 6-10　低等级公路动荷载系数分布范围及其分布概率

车辆时速(km/h)	动荷载系数分布范围						
80	≥0.342	≥0.285	≥0.228	≥0.171	≥0.114	≥0.057	≥0
60	≥0.255	≥0.213	≥0.17	≥0.128	≥0.085	≥0.042	≥0
40	≥0.246	≥0.205	≥0.164	≥0.123	≥0.082	≥0.041	≥0
分布概率(%)	0.135	0.621	2.275	6.681	15.866	30.846	50

在此，同样以动荷载系数分布概率为2.275%为例进行计算。将该概率条件下的动荷载系数代入式(6-16)和式(6-18)，并采用牛顿迭代法求解，得到不同车速情况下的侧滑临界风速和侧翻临界风速，如表6-11所示。

表6-11　低等级公路考虑动荷载时的临界风速计算表

侧滑临界风速(m/s)										侧翻临界风速(m/s)
设计速度(km/h)	曲线半径(m)	摩擦系数								
		0.1	0.2	0.3	0.4	0.5	0.6	0.7	0.8	
40	100	1.5	9.3	13.6	16.7	19.1	21.2	22.9	24.5	20.4
60	200	—	6.3	11.3	14.8	17.5	19.8	21.8	23.5	19.0
80	400	—	5.0	9.1	12.4	15.1	17.4	19.3	21.1	16.6

从表6-9和表6-11同样可以看出：

(1)摩擦系数对临界侧滑风速影响十分显著，摩擦系数越大，侧滑风速就越大。

(2)车速对侧滑临界风速和临界侧翻风速产生了一定的影响，但是没有摩擦系数的影响大。

(3)对重型货车而言，在正常路面条件下，先发生侧翻；但当路面潮湿或者积雪、结冰情况下，路面摩擦系数低于0.6时，车辆先发生侧滑。

6.4.5.3　路面平整度对临界风速的影响分析

(1)高等级公路临界风速对比分析。根据表6-6和表6-9的数据绘制不同摩擦系数时的侧滑临界风速对比图，如图6-35至图6-38所示。

可以看出，考虑动荷载后，临界侧滑风速明显降低，而且车辆速度越高，两者之间的差距就越大。

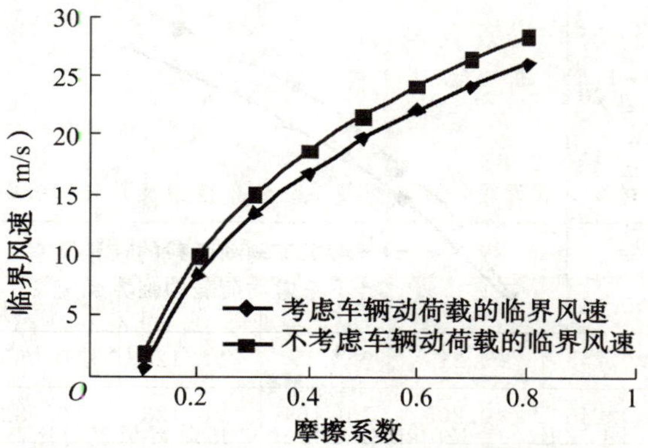

图6-35　$v=60$ km/h，$R=200$ m临界风速对比

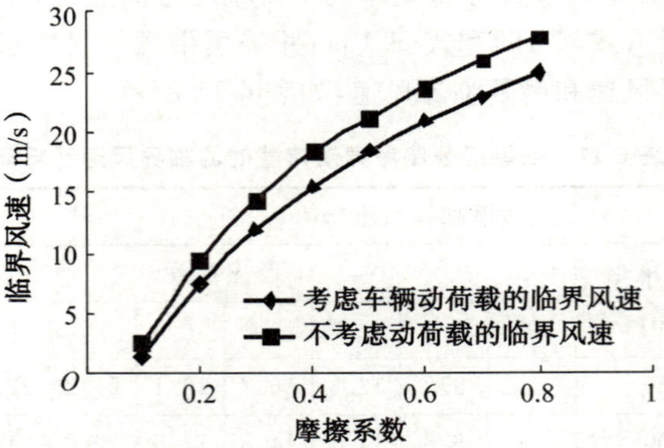

图 6-36　$v=80$ km/h,$R=400$ m 临界风速对比

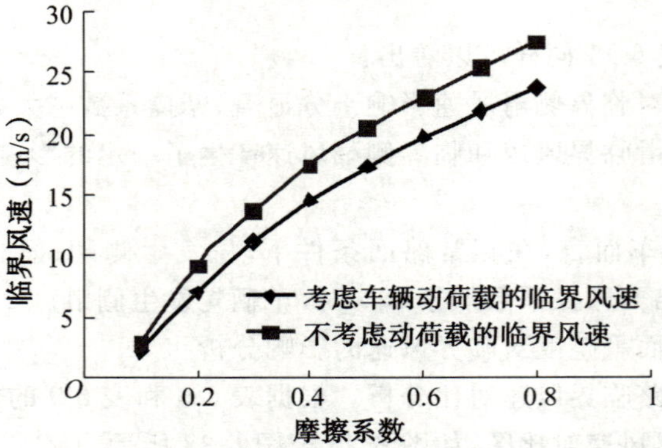

图 6-37　$v=100$ km/h,$R=700$ m 临界风速对比

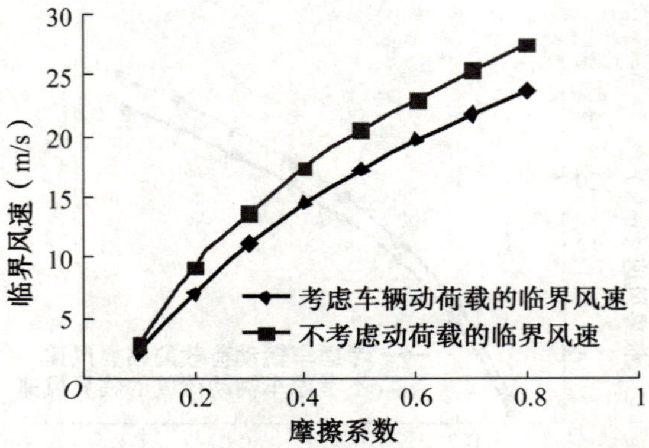

图 6-38　$v=120$ km/h,$R=1000$ m 临界风速对比

从表6-6和表6-9的临界侧翻风速来看，考虑动荷载后，临界侧翻风速也有很大程度的降低。例如：当车辆时速为120 km/、半径为1000 m时，考虑动荷载后，临界侧翻风速降低3.4 m/s。

(2)低等级公路临界风速对比分析。根据表6-7和表6-11的数据绘制不同摩擦系数时的侧滑临界风速对比图，如图6-39至图6-41所示。

同样可以看出，考虑动荷载后，临界侧滑风速降低更加明显，降低幅度明显高于高等级公路。这是由路面平整度变差、动荷载增加造成的，而且车辆速度越高，两者之间的差距就越大。

从表6-7和表6-11的临界侧翻风速来看，考虑动荷载后，临界侧翻风速也有很大程度的降低。例如：当车辆时速为80 km/h、半径为400 m时，考虑动荷载后，临界侧翻风速降低5.9 m/s。

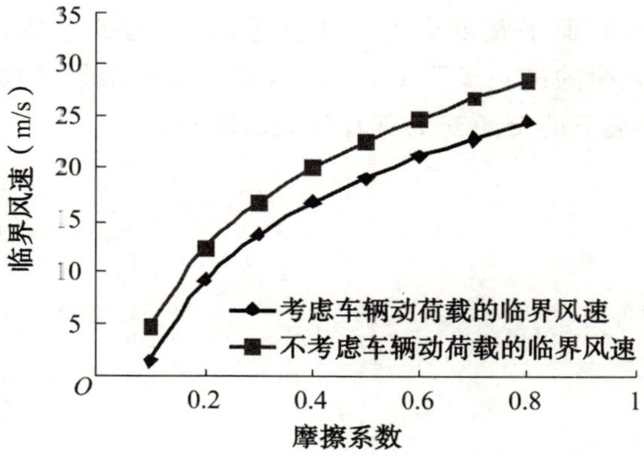

图6-39 v=40 km/h，R=100 m临界风速对比

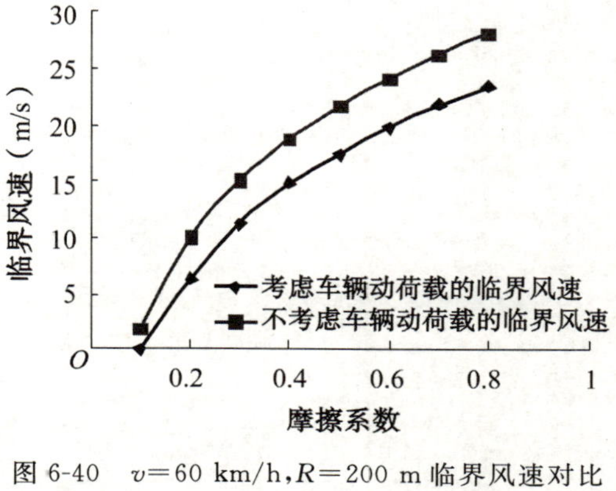

图6-40 v=60 km/h，R=200 m临界风速对比

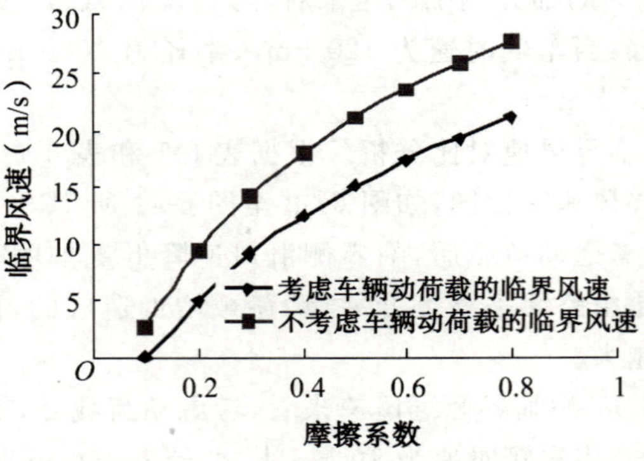

图 6-41　$v=80$ km/h, $R=400$ m 临界风速对比

需要说明的是，本章按照新建公路的标准选取路面平整度功率谱密度，而实际道路在运营过程中，路面平整度会进一步变差，则引起的车辆动荷载会进一步加大，这会造成临界风速的进一步降低，因而本章的计算结果是偏保守的。总之，路面平整度对侧风环境下的交通安全有着较大的影响。

第7章　侧风环境下行车安全预警系统

道路交通管理安全预警系统，是将预警管理理论应用于道路交通管理领域，通过建立相应的预警方法和预控组织体系，对危害道路交通安全的诱因进行监测、诊断及预先控制，正确区分道路交通管理系统的不安全与安全状态，预防、制止、纠正、回避系统中的不安全管理行为和不安全管理过程，从而实现道路交通安全管理活动始终处于合理、可靠、可控的安全状态的一种崭新的管理行为模式。

尽管近几年交通事故数量在下降，但不良天气影响以及道路本身诱发的交通事故却在逐年增多，因此，加强不良天气影响下道路交通安全预警系统的研究将有效地为改善我国的道路交通安全提供帮助，对从根本上改善我国道路交通安全状况具有十分重要的理论意义和实际应用价值。具体来讲主要有：

(1)对道路设计部门的交通安全设计指导。道路设计部门可依据当地主导风向、风速并结合路线设计、路基设计，分析侧风对交通安全的影响程度，从而在易受侧风影响的路段设立防风设施。

(2)对公路养护管理部门的指导。公路养护管理部门可依据预警系统及时发布预警信息和采取交通管制措施，从而更好地预防交通事故的发生。

7.1　预警系统总体组成

预警系统包括信息收集模块、信息处理模块、信息发布及预警模块。系统构成如图7-1所示。

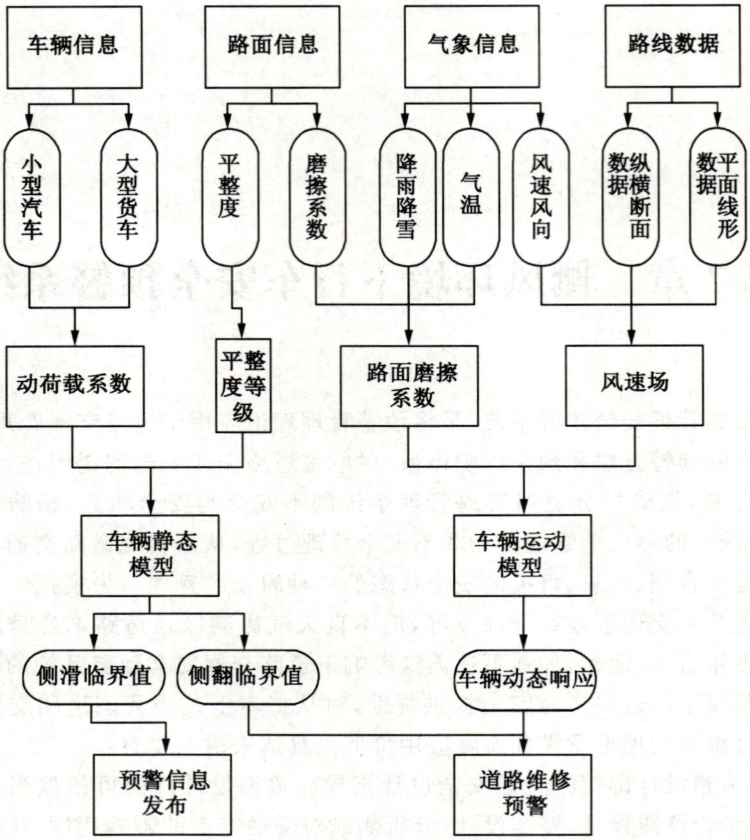

图 7-1 预警系统结构图

7.1.1 信息收集模块

信息收集模块包括道路线性数据收集、路面信息收集、车辆参数收集、气象信息收集，如图 7-2 所示。其中道路线形数据、路面信息为给定数据。风速风向、结冰等传感器用来收集风速、风向、路面温度、结冰情况。

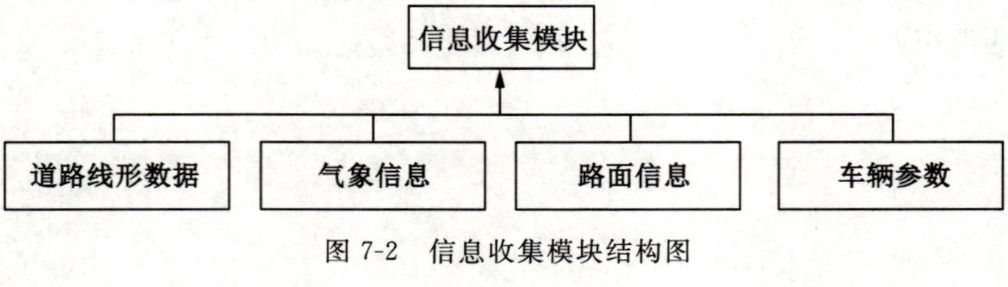

图 7-2 信息收集模块结构图

7.1.1.1　道路线形数据

道路线形数据包括道路平面线形数据、纵断面线性数据和横断面线形数据。平面线性数据包括曲线半径、缓和曲线参数以及路线坐标。由路线坐标可计算出路线的走向和风向之间的关系。曲线半径和缓和曲线参数用来计算车辆的离心力大小。由纵断面线性数据和横断面线性数据可知路基的填方高度、挖方深度、超高、路基宽度和高度、路基边坡坡度以及道路和周围地形之间的关系。

7.1.1.2　气象信息

通过设立在道路附近的气象收集系统，结合天气预报信息，获取当日的风速、风向、降雨量/降雪量、气温等信息。利用降雨量/降雪量和气温信息，预判路面湿滑情况、结冰情况；利用路面摩擦系数，结合路基高度、风向判断出路基风速场的变化情况。本项数据由温湿度传感器、结冰传感器、风速传感器等测量得出。

7.1.1.3　路面信息

通过定期的路面平整度检测、摩擦系数检测获取某段时间内该道路的平整度等级、路面摩擦系数，从而为计算车辆振动引发的动荷载提供基础。

7.1.1.4　车辆参数

车辆参数包括车辆的类型、几何尺寸、载重、车辆悬挂参数、轮胎参数，结合路面平整度等级，可计算出车辆动荷载，同时也是计算车辆气动力的基础。

7.1.2　信息处理模块

本模块是处理信息收集模块收集来的各项数据，并将这些数据与系统内的数据库进行比对，判断出在此段道路上行车是否具有安全隐患，系统组成如图 7-3 所示。

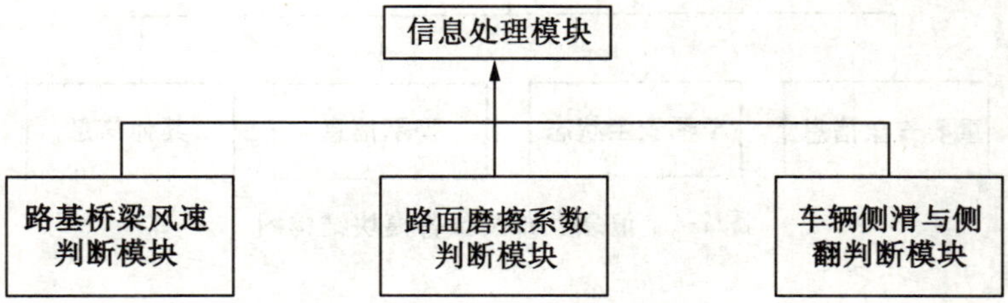

图 7-3　信息处理模块结构图

7.1.2.1　路基桥梁风速判断模块

路堤的阻挡作用使路基顶面风速增强，路基越高，局部风速增强就越严重，对行车安全的影响就越大。

高大桥梁往往地处峡谷、河流等特殊地形，在这种地形条件下往往极易发生高速风的情况。另外，高大桥梁高度大，离地面越高，风速越大。斜拉桥的主塔附近存在越流现象，主塔附近的风速高于其他位置的风速，会导致出现局部风速过高的情况。

在侧风多发区的路基和高大桥梁上设置风速传感器，监测风速、风向，通过计算分析可获取最大侧风发生位置、最大风速。

7.1.2.2　路面摩擦系数判断模块

侧风环境下的公路行车安全主要体现在两个方面：侧滑和侧翻。这两个方面都和路面摩擦系数有较大的相关性，尤其车辆在遇到较大侧风作用发生侧滑时，和路面的摩擦系数有着直接关系。

通过收集到的气象信息、路面养护历史信息，判断出路面当前状态（是否结冰、湿滑等），依据第 4 章的结论实时判断当前路面的摩擦系数。

7.1.2.3　车辆侧滑与侧翻判断模块

道路侧滑与侧翻交通事故预警指标有侧滑临界风速、侧翻临界风速。利用第 6 章的原理，研究判断这些指标的临界阈值。当桥面或者路面侧风风速接近临界值时，就进行交通安全预警，并将预警信息发送到信息发布系统中。

7.1.3　信息发布及预警模块

信息发布及预警模块将预警信息传递到信息发布系统中并进行发布，同时将预警信息传递到信息发布系统和交通管理部门，发布的信息如图 7-4 所示。信息发布系统主要为设置在高大桥梁和侧风多发区路段前的大型情报板。

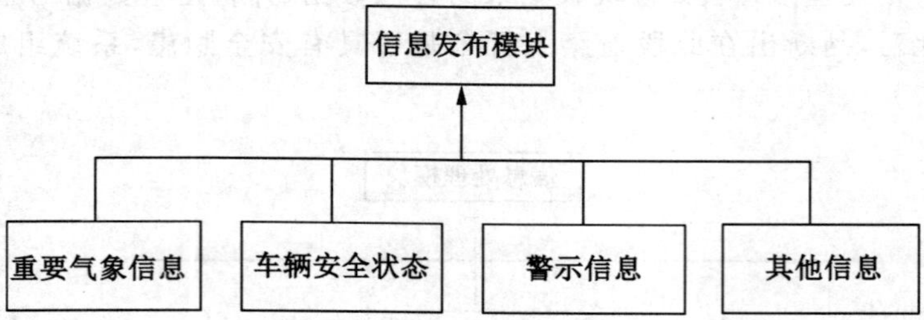

图 7-4　信息发布及预警模块结构图

7.2　系统硬件平台设计

侧风环境下道路结冰安全预警系统采用智能路况监测传感器，结合物联网技术进行道路路况实时监测，对影响行车安全的各个潜在危险因数进行现场预警并进行远程报警，提高驾驶安全性，可以用于高速公路、机场、桥梁、城市路面等路面路况监测，是智能交通、智慧城市等物联网应用的重要解决方案。系统硬件原理图如图 7-5 所示。

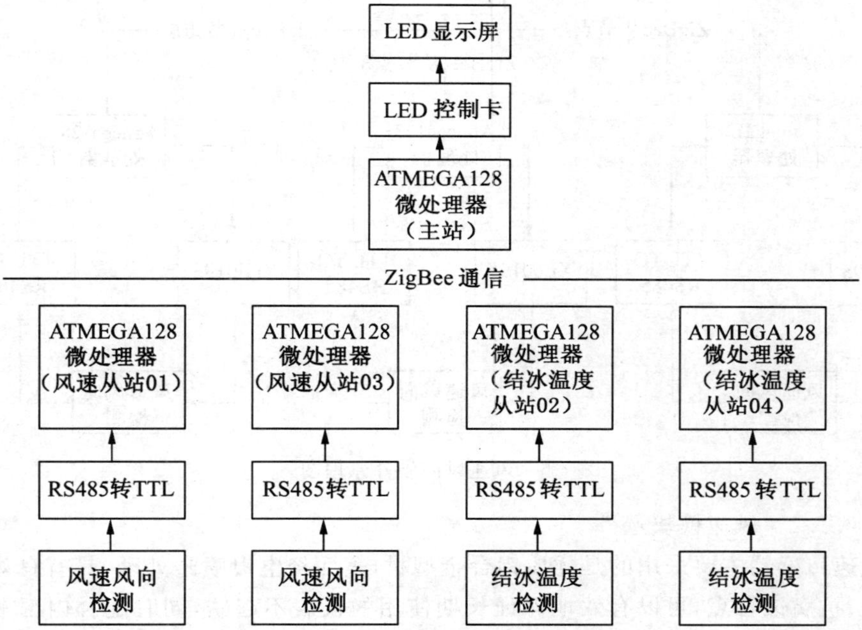

图 7-5　系统硬件原理图

7.2.1　风速风向检测

7.2.1.1　风速风向检测原理

风速风向检测系统为风速风向传感器将测得的数据信号经过 TTL 转 RS485 的转换发送给 Atmega128 微处理器。Atmega128 微处理器将这些信号发送给 ZigBee 无线通信从站模块。ZigBee 无线通信从站模块再将这些数据发送给主站模块(见图 7-6)。

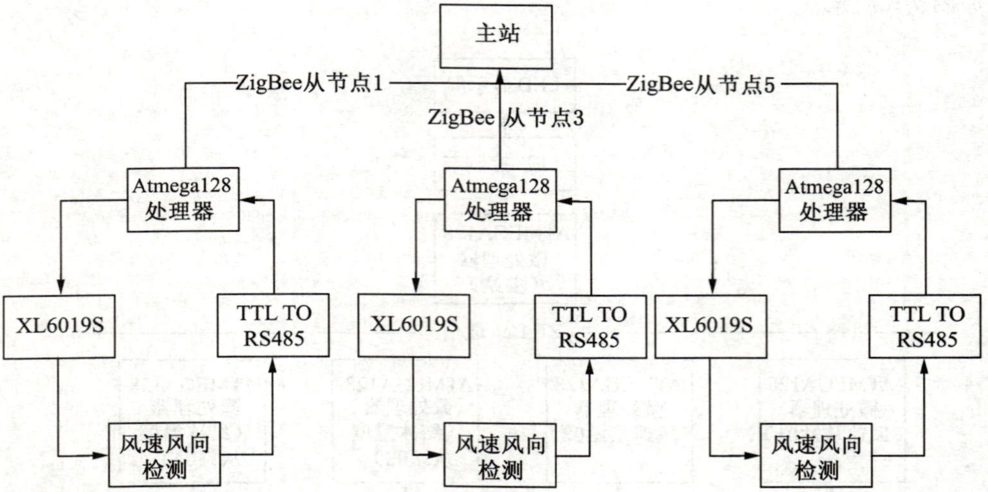

图 7-6　风速风向硬件原理图

7.2.1.2　风速模块选件

风速传感器主要采用的是优质铝合金型材，表面经电镀喷塑处理，具有良好的防侵蚀、抗腐蚀特点，可以有效地保证长期使用的仪表不起锈，同时配合内部顺滑的轴承系统一起使用，确保了采集信息的准确性。风速传感器是一种使用方便、性能好、可靠性高的智能仪器仪表，可以广泛地用于测量温室、环保、气象站以及养殖等场所的风速。

风速传感器有很多种分类，主要可以分为皮托管式风速传感器、螺旋桨风速传感器、霍尔效应电磁风速传感器、热线式风速传感器、超声波式风速传感器以及风杯式风速传感器等。

(1)螺旋桨风速传感器主要由螺旋桨叶片、传感器轴、传感器支架以及磁感应线圈等组成。它利用的是流动空气的动能来推动传感器的螺旋桨旋转，然后通过螺旋桨的转速求出流过末端装置的空气流速。众所周知，电扇由电动机带动叶片旋转，在叶片前后产生一个压力差，推动气流流动。螺旋桨式风速计的工作原理恰好与此相反，对准气流的叶片系统受到风压的作用，产生一定的扭力矩使叶片系统旋转。螺旋桨风速传感器通常通过一组三叶或四叶螺旋桨绕水平轴旋转来测量风速。螺旋桨一般装在一个风标的前部，使其旋转平面始终正对风的来向，其转速正比于风速。

(2)超声波式风速传感器主要是利用超声波时差法来实现风速测量的。声音在空气中的传播速度，会和风向上的气流速度叠加。若超声波的传播方向与风向相同，它的速度会加快，反之会变慢。因此，在固定的检测条件下，超声波在空气中的传播速度可以和风速函数对应。通过计算即可得到精确的风速和风向。超声波式风速传感器具有重量轻、没有任何移动部件、坚固耐用的特点，而且不需维护和现场校准，能同时输出风速和风向。可根据需要选择风速单位、输出频率及输出格式，也可根据需要选择加热装置（在冰冷环境下推荐使用）或模拟输出。可以与电脑、数据采集器或其他具有 RS485 或模拟输出相符合的采集设备连用。如果需要，也可以多台组成一个网络进行使用。超声波风速风向仪是一种较为先进的测量风速风向的仪器，克服了机械式风速风向仪固有的缺陷，因而能全天候、长久地正常工作，得到了越来越广泛应用，将是机械式风速仪的强有力替代品。

（3）风杯式风速传感器是一种十分常见的风速传感器，最早由英国鲁宾孙发明。感应部分由三个或四个圆锥形或半球形的空杯组成。空心杯壳固定在互成 120°的三叉星形支架上，或互成 90°的十字形支架上。杯的凹面顺着一个方向排列，整个横臂架则固定在一根垂直的旋转轴上。

当风杯转动时，带动同轴的多齿截光盘或磁棒转动，通过电路得到与风杯转速成正比的脉冲信号。该脉冲信号由计数器计数，经换算后就能得出实际风速值。目前，新型转杯风速表均采用三杯，并且锥形杯的性能比半球形的好。当风速增加时，转杯能迅速提高转速，以适应气流速度；当风速减小时，由于惯性影响，转速却不能立即下降。旋转式风速表在阵性风里指示的风速一般是偏高的，成为过高效应（产生的平均误差约为 10%）。

（4）热线式风速传感器以热丝（钨丝或铂丝）或热膜（铂或铬制成薄膜）为探头，裸露于被测空气中，并将它接入惠斯顿电桥。通过惠斯顿电桥的电阻或电流的平衡关系，检测出被测截面空气的流速。热膜式风速传感器的热膜外涂有极薄的石英膜绝缘层，以便和流体绝缘，并可防止污染，可在带有颗粒的气流中工作，其强度比金属热线丝高。当空气温度稳定不变时，热丝上的耗电功率等于热丝在空气中瞬时耗去的热量。热丝电阻随温度的变化而变化，热线的电阻和温度在通常温度范围（0 ℃～300 ℃）之内表现为线性关系。放热系数与气流速度有关，流速越大，对应的放热系数也越大，即散热快；流速小，则散热慢。热式风速传感器所测的气流速度是电流与电阻的函数。将电流（或电阻）保持不变，所测的气流速度仅与电阻（或电流）一一对应。热线式风速传感器有恒流与恒温两种设计电路。恒温式热线风速传感器较为常用。恒温法的原理是测量过程中保持热丝温度恒定，使电桥平衡。此时热丝电阻保持不变，气流速度只是电流的单值函数，根据已知的气流速度与电流的关系可求得通过末端装置的气流速度。恒流式热线风速传感器在测量过程中保持流经热丝的电流值不变。当电流值不变时，气流速度仅仅与热丝电阻有关。根据已知的气流速度与热丝电阻的关系可求得通过风速传感器的气流速度。热线式风速传感器可测量脉动风速。恒流式风速传感器的热惯性较大，恒温式风速传感器的热惯性相对较小，具有较高的速度响应。热线式风速传感器的测量精度均不是很高，使用时要注意温度补偿。

7.2.1.3　硬件连接电路图及原理图

综合预警系统检测精度、启动风力、体积等各方面因素，选择一款型号为SY-FSXZ的风速传感器。

SY-FSXZ 风速传感器的功能及特点如下：

(1)体积小巧，携带方便，安装简捷。

(2)测量精度高，量程宽，稳定性好。

(3)结构设计合理，外观质量佳。

(4)数据信息线性度好，信号传输距离长，抗外界干扰能力强。

图 7-7 为风速传感 TTL 电平信号转 RS232 信号模块。该模块将 Atmega128 微处理器与 ZinBee 无线通信模连接。

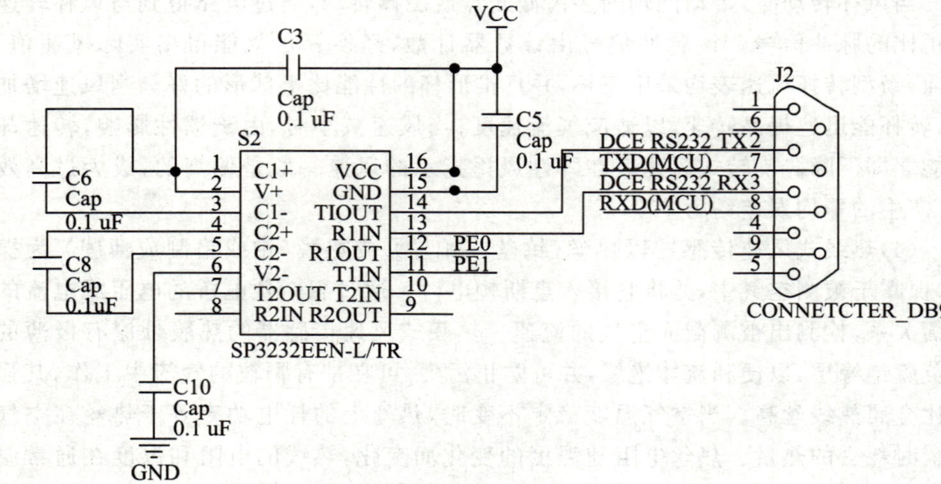

图 7-7　TTL 转 RS232(一)

图 7-8 为 TTL 电平信号转 RS485 信号模块。风速风向传感器检测得到的信号通过 TTL 转向 RS485 蕊片，然后发送到 Atmega128 微处理器。

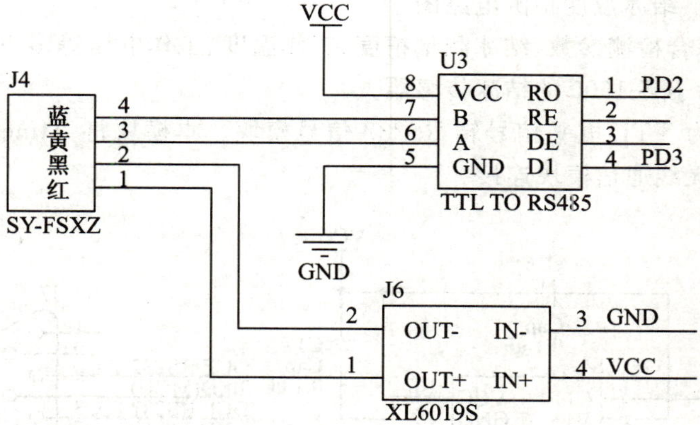

图 7-8　TTL 转 RS485(一)

7.2.2　结冰温度检测

7.2.2.1　结冰温度模块原理图

结冰温度检测系统为结冰温度传感器将所测数据信号经过 TTL TO RS485 的转换,发送给 Atmega128 微处理器。Atmega128 微处理器将这些信号发送给 ZigBee 无线通信从站模块。ZigBee 无线通信从站模块再将这些数据发送给主站模块。

结冰温度检测硬件原理框图如图 7-9 所示。

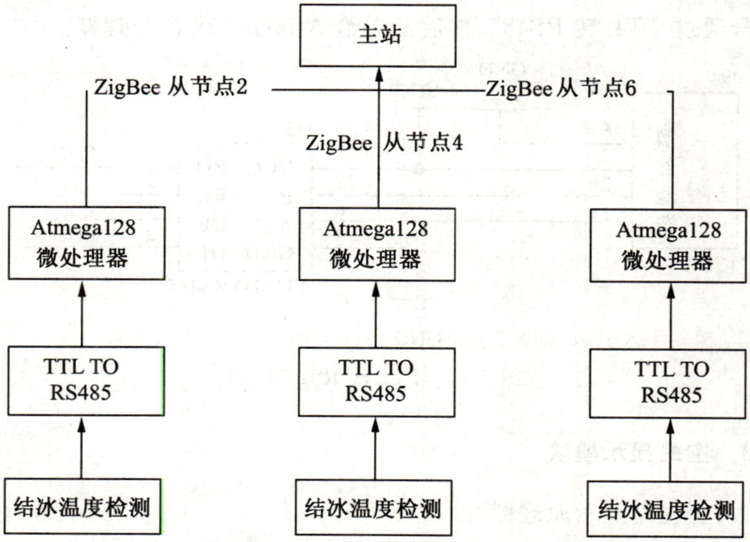

图 7-9　结冰温度检测硬件原理框图

7.2.2.2　结冰温度检测电路图

本系统综合检测参数、结冰测量精度、工作温度、工作电压等多方面因素，选择了一款型号为 JCS-1600 的结冰传感器。

图 7-10 为 TTL 电平信号转 RS232 信号模块。本模块将 Atmega128 微处理器与 ZigBee 无线通信模块连接。

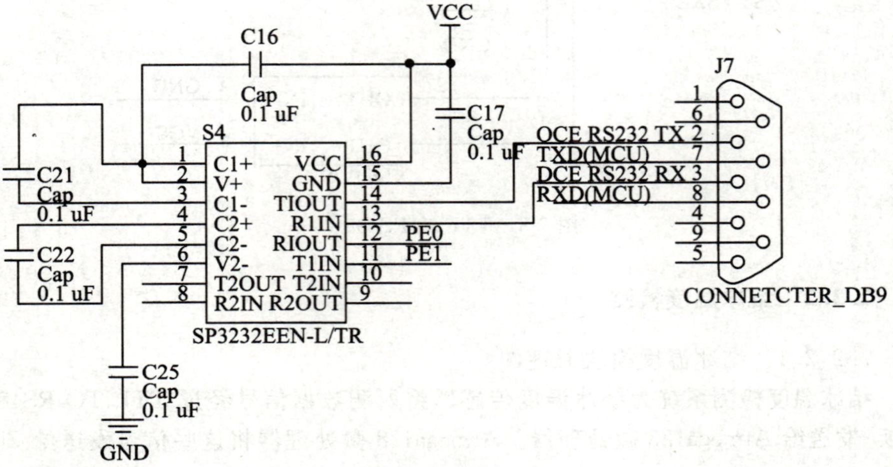

图 7-10　TTL 转 RS232(二)

图 7-11 为 TTL 电平信号转 RS485 信号模块。该模块将结冰温度传感器检测得到的信号通过 TTL 转 RS485，然后发送给 Atmega128 微处理器。

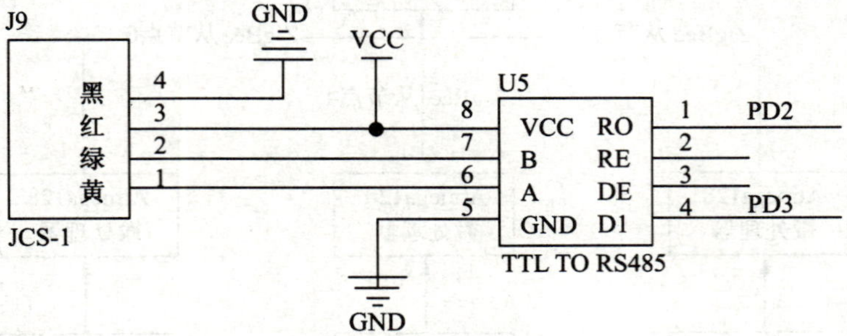

图 7-11　TTL 转 RS485(二)

7.2.3　主站显示模块

7.2.3.1　主站显示原理图

主站显示模块通过 ZigBee 无线通信得到从站检测收集的数据。这些数据在主站 Atmega128 微处理器经过一系列的信息处理后，通过 LED 控制卡发布到

LED 显示屏上显示，如此就完成了实时预警作用(见图 7-12)。

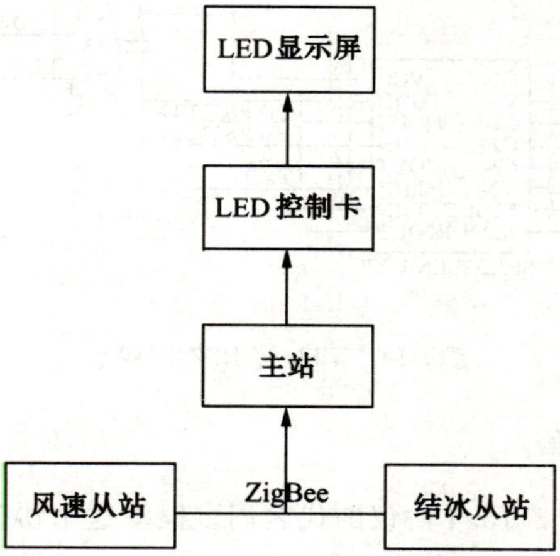

图 7-12　主站显示模块硬件原理图

7.2.3.2　主站显示模块电路图

本系统选用的显示屏是一款 F3.75 点阵单色显示屏。屏体分辨率为 64×32，刷新频率为 120 Hz，可视角度为±60°。驱动方式为 1/16 动态扫描，在无中继的情况下传输距离可达 100 m。工作温度为−10 ℃～45 ℃。它是一款契合本系统的显示屏。

图 7-13 和图 7-14 都是 TTL 电平信号转 RS232 信号模块。图 7-13 中 J1 和 ZigBee 天线通信相连，J3 与图 7-14 中的 J5 相连。

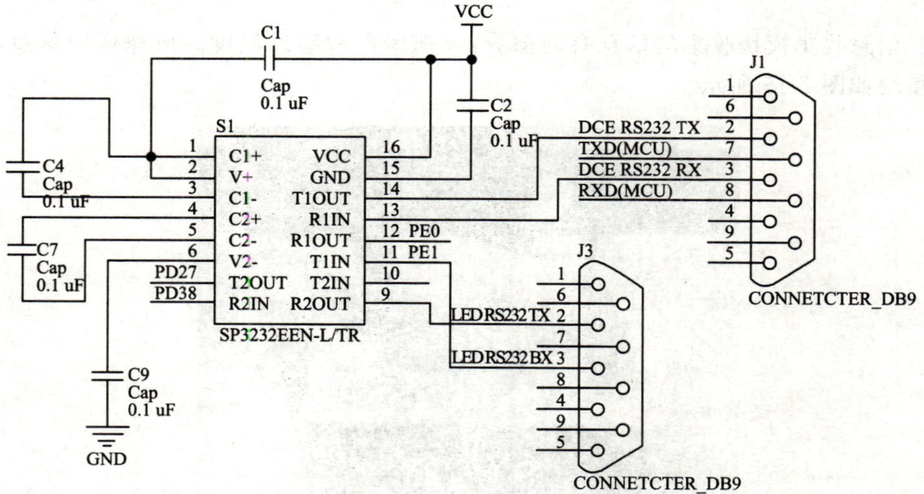

图 7-13　TTL 转 RS232(三)

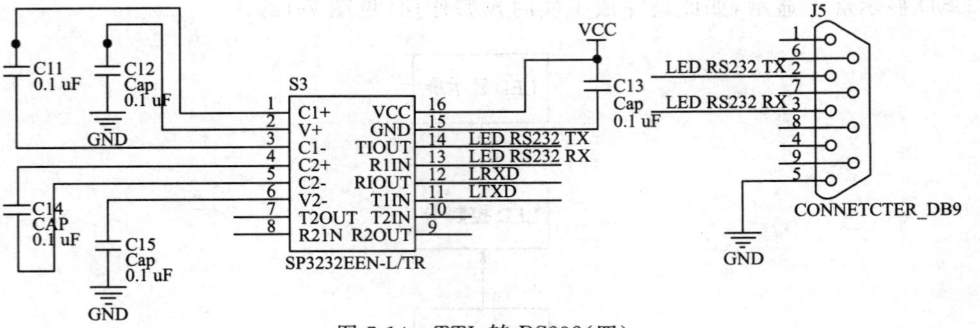

图 7-14　TTL 转 RS232(四)

7.2.4　ZigBee 通信

ZigBee 是 IEEE 802.15.4 协议的代名词。根据这个协议的规定,技术是一种近距离、低复杂度、低功耗、低数据速率、低成本的双向无线通信技术,主要适合于自动控制和远程控制领域,可以嵌入各种设备,同时支持地理定位功能。由于蜜蜂(Bee)是靠飞翔和“嗡嗡”(Zig)地抖动翅膀的“舞蹈”来向同伴传递花粉所在方位和远近信息的,也就是蜜蜂依靠着这样的方式构成了群体中的通信“网络”,因此,ZigBee 的发明者们形象地利用蜜蜂的这种行为来描述这种无线信息传输技术。

ZigBee 无线通信技术主要有功耗低、成本低、低速率传输数据、传输距离近、延时短、容量高、安全性高、免执照频段等特点。

7.2.5　系统组成

信息收集模块收集的信息有两部分:风速风向和结冰温度。风速风向信息收集模块如图 7-15 所示。

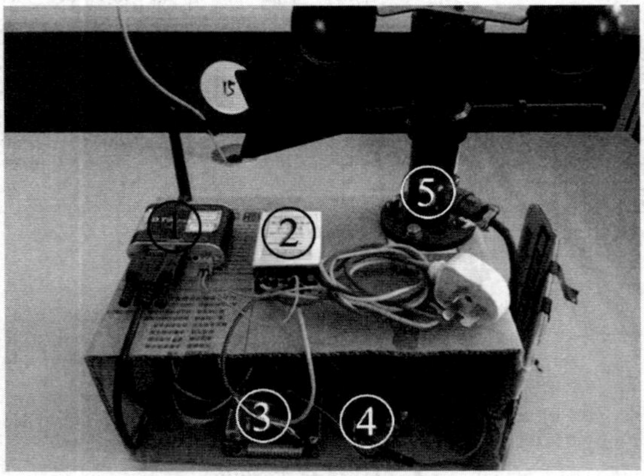

图 7-15　风速风向信息收集模块

其中，①是 ZigBee 无线通信模块，从节点，具有数据发送与接收功能；②是稳压电源；③是 Atmega128 微处理器(单片机)，风速风向从站，进行数据处理；④是 TTL TO RS485 信号模块，具有信号转换功能；⑤是风速风向传感器。

风速风向检测系统工作原理：风速风向传感器将测得的数据信号经过 TTL TO RS485 的转换发送给 Atmega128 微处理器；Atmega128 微处理器将这些信号处理后发送给 ZigBee 无线通信从站模块；ZigBee 无线通信从站模块再将这些数据发送给主站模块。

结冰温度信息收集模块如图 7-16 所示。

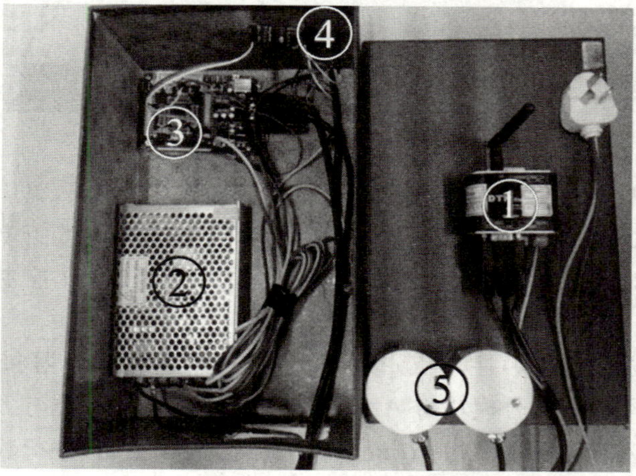

图 7-16　结冰和温度信息收集模块

其中，①是 ZigBee 无线通信模块，从节点，具有数据发送与接收功能；②是稳压电源；③是 Atmega128 微处理器(单片机)，结冰温度从站，进行数据处理；④是 TTL TO RS485 信号模块，具有信号转换功能；⑤是结冰温度传感器。

结冰温度检测系统工作原理：结冰温度传感器将测得的数据信号经过 TTL TO RS485 的转换发送给 Atmega128 微处理器；Atmega128 微处理器将这些信号处理后发送给 ZigBee 无线通信从站模块；ZigBee 无线通信从站模块再将这些数据发送给主站模块。

信息处理模块如图 7-17 所示。

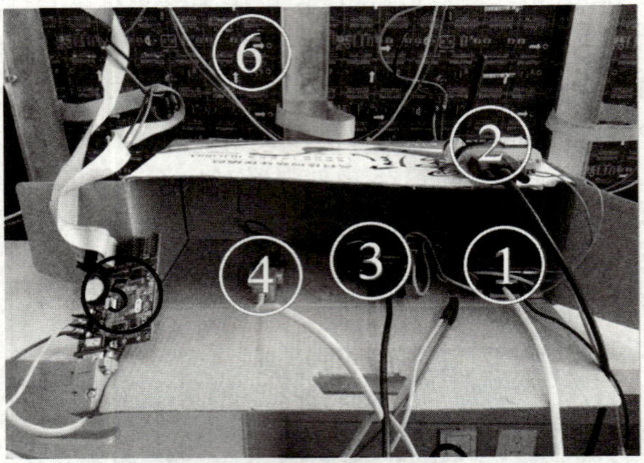

图 7-17 信息处理模块

其中，①是稳压电源；②是 ZigBee 无线通信模块，主节点，具有数据发送与接收功能；③是 Atmega128 微处理器（单片机），主站模块，进行数据处理；④是 TTL TO RS232 信号模块，具有信号转换功能；⑤是 LED 控制卡；⑥是 LED 显示屏。

ZigBee 无线通信模块（主节点）接收从节点的风速风向数据和结冰温度数据，通过 TTL TO RS232 信号模块将 Atmega128 微处理器（主站）与 ZigBee 无线通信模块（主节点）连接起来，最后由 Atmega128 微处理器（主站）进行数据处理。

7.3 系统软件平台设计

7.3.1 主站程序模块

7.3.1.1 主站程序流程图

主站程序流程图如图 7-18 所示。

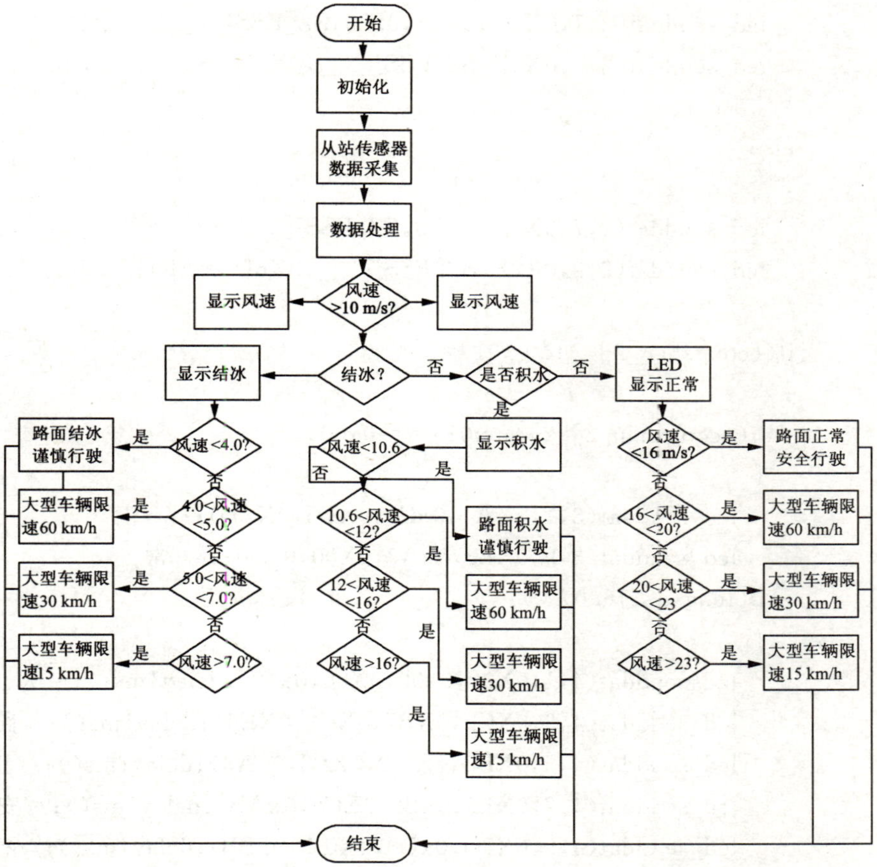

图 7-18　主站程序流程

7.3.1.2　主站程序

```
void main(void)
{
    uchar i=0;
    ALL_init();
while(1)
    {
      unsigned char i=0;
      FS_jisuan(congzhan[1][4]);
      if(FSSJ[0]==0)
```

```
{
  led_senddat(2,7,0XA1,0xC3,0x20,SZ[FSSJ[1]]);//：32
  led_senddat(2,9,0X2E,SZ[FSSJ[2]],0X6D,0x2F);//.7m/
}
else
{
  led_senddat(2,7,0XA1,0xC3,SZ[FSSJ[0]],SZ[FSSJ[1]]);//：32
  led_senddat(2,9,0X2E,SZ[FSSJ[2]],0X6D,0x2F);//.7m/
}
if((congzhan[2][2]&0x01)==0x00)
{
  if((congzhan[2][2]&0x02)==0x00)
  {
    led_senddat(3,7,0XA1,0xC3,0XD5,0XFD);// :正
    led_senddat(3,9,0XB3,0xA3,0X00,0X00);// 常
  if(fengsu<16.0)
  {
    led_senddat(4,1,0X00,0x00,0X00,0x00);delay1ms();//大
    led_senddat(4,3,0XC2,0XB7,0XC3,0XE6);delay1ms();//路面
    led_senddat(4,5,0XD5,0XFD,0XB3,0xA3);delay1ms();//正常
    led_senddat(4,7,0XB0,0xB2,0XC8,0xAB);delay1ms();//安全
    led_senddat(4,9,0XD0,0xD0,0XCA,0xBB);delay1ms();//行驶
  }
  if(fengsu>=16.0&&fengsu<20.0)
  {
    led_senddat(4,1,0X20,0X20,0XB4,0xF3);delay1ms();//大
    led_senddat(4,3,0XD0,0XCD,0XB3,0XB5);delay1ms();//型车
    led_senddat(4,5,0XC1,0XBE,0XCF,0xDE);delay1ms();//辆限
    led_senddat(4,7,0XCB,0XD9,0x36,0x30);delay1ms();//速 60
    led_senddat(4,9,0X6B,0X6D,0x2F,0x68);delay1ms();//km/h
  }
  if(fengsu>=20.0&&fengsu<23.0)
  {
    led_senddat(4,1,0X20,0X20,0XB4,0xF3);delay1ms();//大
```

```
    led_senddat(4,3,0XD0,0XCD,0XB3,0XB5);delay1ms();//型车
    led_senddat(4,5,0XC1,0XBE,0XCF,0xDE);delay1ms();//辆限
    led_senddat(4,7,0XCB,0XD9,0x33,0x30);delay1ms();//速 30
    led_senddat(4,9,0X6B,0X6D,0x2F,0x68);delay1ms();//km/h
  }
  if(fengsu>=23.0)
  {
    led_senddat(4,1,0X20,0X20,0XB4,0xF3);delay1ms();//大
    led_senddat(4,3,0XD0,0XCD,0XB3,0XB5);delay1ms();//型车
    led_senddat(4,5,0XC1,0XBE,0XCF,0xDE);delay1ms();//辆限
    led_senddat(4,7,0XCB,0XD9,0x31,0x35);delay1ms();//速 30
    led_senddat(4,9,0X6B,0X6D,0x2F,0x68);delay1ms();//km/h
  }
}
else
{
  led_senddat(3,7,0XA1,0xC3,0XBB,0XFD);// :积
    led_senddat(3,9,0XCB,0xAE,0X00,0X00);// 水
  if(fengsu<10.6)
  {
    led_senddat(4,1,0X00,0x00,0X00,0x00);delay1ms();//大
    led_senddat(4,3,0XC2,0XB7,0XC3,0XE6);delay1ms();//路面
      led_senddat(4,5,0XBB,0XFD,0XCB,0xAE);delay1ms();//
      积水
      led_senddat(4,7,0XBD,0xF7,0XC9,0xF7);delay1ms();//
      谨慎
    led_senddat(4,9,0XD0,0xD0,0XCA,0xBB);delay1ms();//行驶
  }
  if(fengsu>=10.6&&fengsu<12.0)
  {
      led_senddat(4,1,0X20,0X20,0XB4,0xF3);delay1ms();//大
      led_senddat(4,3,0XD0,0XCD,0XB3,0XB5);delay1ms();//
      型车
      led_senddat(4,5,0XC1,0XBE,0XCF,0xDE);delay1ms();//
```

```
            辆限
            led_senddat(4,7,0XCB,0XD9,0x36,0x30);delay1ms();//
            速 60
            led_senddat(4,9,0X6B,0X6D,0x2F,0x68);delay1ms();//
            km/h
        }
        if(fengsu>=12.0&&fengsu<16.0)
        {
            led_senddat(4,1,0X20,0X20,0XB4,0xF3);delay1ms();//大
            led_senddat(4,3,0XD0,0XCD,0XB3,0XB5);delay1ms();//
            型车
            led_senddat(4,5,0XC1,0XBE,0XCF,0xDE);delay1ms();//
            辆限
            led_senddat(4,7,0XCB,0XD9,0x33,0x30);delay1ms();//
            速 30
            led_senddat(4,9,0X6B,0X6D,0x2F,0x68);delay1ms();//
            km/h
        }
        if(fengsu>=16.0)
        {
            led_senddat(4,1,0X20,0X20,0XB4,0xF3);delay1ms();//大
            led_senddat(4,3,0XD0,0XCD,0XB3,0XB5);delay1ms();//
            型车
            led_senddat(4,5,0XC1,0XBE,0XCF,0xDE);delay1ms();//
            辆限
            led_senddat(4,7,0XCB,0XD9,0x31,0x35);delay1ms();//
            速 15
            led_senddat(4,9,0X6B,0X6D,0x2F,0x68);delay1ms();//
            km/h
        }
    }
}
else
{
```

```
led_senddat(3,7,0XA1,0xC3,0XBD,0XE1);// :结
  led_senddat(3,9,0XB1,0xF9,0X00,0X00);// 冰
  if(fengsu<4.0)
  {
      led_senddat(4,1,0X00,0x00,0X00,0x00);delay1ms();//大
      led_senddat(4,3,0XC2,0XB7,0XC3,0XE6);delay1ms();//
      路面
      led_senddat(4,5,0XBD,0XE1,0XB1,0xF9);delay1ms();//
      结冰
      led_senddat(4,7,0XBD,0xF7,0XC9,0xF7);delay1ms();//
      谨慎
      led_senddat(4,9,0XD0,0xD0,0XCA,0xBB);delay1ms();//
      行驶
  }
  if(fengsu>=4.0&&fengsu<5.0)
  {
      led_senddat(4,1,0X20,0X20,0XB4,0xF3);delay1ms();//大
      led_senddat(4,3,0XD0,0XCD,0XB3,0XB5);delay1ms();//
      型车
      led_senddat(4,5,0XC1,0XBE,0XCF,0xDE);delay1ms();//
      辆限
      led_senddat(4,7,0XCB,0XD9,0x36,0x30);delay1ms();//
      速 60
      led_senddat(4,9,0X6B,0X6D,0x2F,0x68);delay1ms();//
      km/h
  }
  if(fengsu>=5.0&&fengsu<7.0)
  {
      led_senddat(4,1,0X20,0X20,0XB4,0xF3);delay1ms();//大
      led_senddat(4,3,0XD0,0XCD,0XB3,0XB5);delay1ms();//
      型车
      led_senddat(4,5,0XC1,0XBE,0XCF,0xDE);delay1ms();//
      辆限
      led_senddat(4,7,0XCB,0XD9,0x33,0x30);delay1ms();//
```

```
    速 30
     led_senddat(4,9,0X6B,0X6D,0x2F,0x68);delay1ms();//
    km/h
  }
  if(fengsu>=7.0)
  {
    led_senddat(4,1,0X20,0X20,0XB4,0xF3);delay1ms();//大
     led_senddat(4,3,0XD0,0XCD,0XB3,0XB5);delay1ms();//
    型车
    led_senddat(4,5,0XC1,0XBE,0XCF,0xDE);delay1ms();//
    辆限
     led_senddat(4,7,0XCB,0XD9,0x31,0x35);delay1ms();//
    速 15
     led_senddat(4,9,0X6B,0X6D,0x2F,0x68);delay1ms();//
    km/h
  }
}
```

7.3.2 从站 1 程序模块

7.3.2.1 从站 1 程序流程图

从站 1 程序流程图如图 7-19 所示。

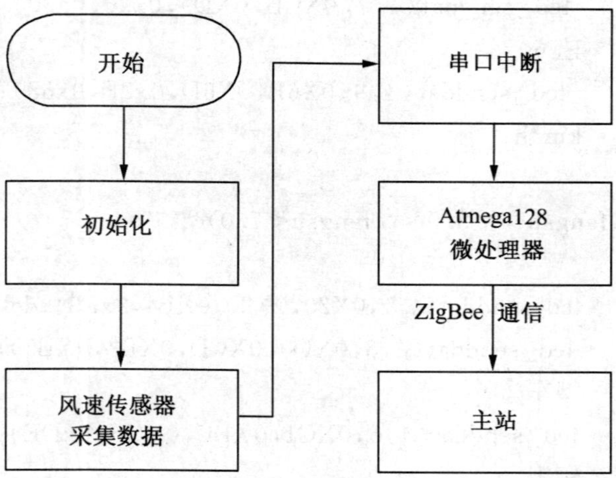

图 7-19 从站 1 程序流程图

7.3.2.2 从站1部分程序

```
void main(void)
{
    uchar i=0;
    ALL_init();
    while(1)
    {
        fengsuchaxun(); //风速查询
        fsdata=fenglishuju[4];
        fsxian=fengsu(fsdata);//返回风速标志位
        flnum=0;
        fengxiangchaxun();
        fxdata1=fenglishuju[3];
        fxdata2=fenglishuju[4];
        fxxian=fengxiang(fxdata1,fxdata2);//返回风向标志位
        usart0_sendat('F'); //ZigBee
        usart0_sendat('L');
        usart0_sendat(fsxian); // 风速标志值
        usart0_sendat(fxxian); // 风向标志值
        usart0_sendat(fsdata); //风速数据
        flnum=0;
        delayms(1000);
    }
}
```

7.3.3 从站2程序模块

7.3.3.1 从站2程序流程图

从站2程序流程图如图7-20所示。

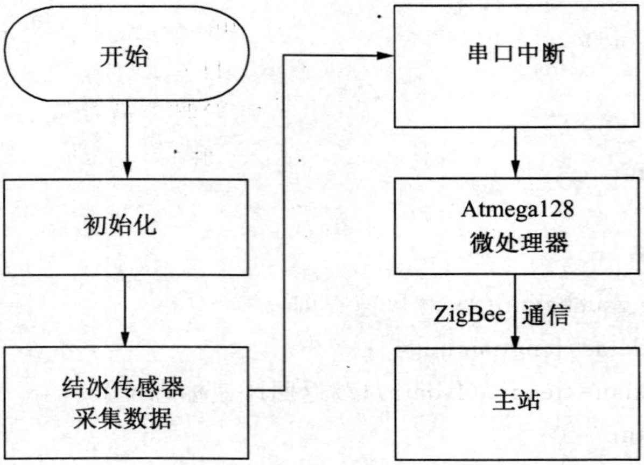

图 7-20　从站 2 程序流程图

7.3.3.2　从站 2 部分程序

```
void main(void)
{
    uchar i=0;
    ALL_init();
    while(1)
    {
        jiebingchaxun1(); //结冰 1 查询
        delayms(1000);
        flnum=0;
        jiebingchaxun2(); //结冰 2 查询
        delayms(1000);
        usart0_sendat('J'); //
        usart0_sendat('B');
        usart0_sendat(jiebingSJ[1][20]&jiebingSJ[2][20]); // 1 标志值
        usart0_sendat(jiebingSJ[2][20]); //2 标志值
        usart0_sendat(0);
        flnum=0;
        PORTC=~PORTC;
    }
}
```

7.3.4　ZigBee、串口中断通信程序模块

7.3.4.1　主站通信

```
#include <iom128v.h>
#include <macros.h>
#define fosc 8000000
void usart0_init(unsigned int baud)
{
DDRE &=~BIT(0);
PORTE |=BIT(0);
DDRE |=BIT(1);
PORTE |=BIT(1);
SREG &=~BIT(7);
UBRR0H = 0;
UBRR0L = 71;
UCSR0C = 0X06;
UCSR0B = 0X98;
UCSR0A &=~(1<<U2X0);
SREG |=BIT(7);
}
void usart1_init(unsigned int baud)
{
   DDRD &=~BIT(2);
   PORTD |=BIT(2);
   DDRD |=BIT(3);
   PORTD |=BIT(3);
   SREG &=~BIT(7);
   UBRR1H = 0;
   UBRR1L = 5;
   UCSR1C = 0X06;
   UCSR1B = 0X98;
   UCSR1A &=~(1<<U2X1);
   SREG |=BIT(7);
}
```

```
void usart0_sendat(unsigned char data)
{
  while(! (UCSR0A & (1<<UDRE0)));
  UDR0 = data;
}
void usart1_sendat(unsigned char data)
{
  while(! (UCSR1A & (1<<UDRE1)));
  UDR1 = data;
}
void usart0_SendStr(unsigned char * s)
{
    while( * s)
    {
        usart0_sendat( * s);
        s++;
    }
}
void usart1_SendStr(unsigned char * s)
{
    while( * s)
    {
        usart1_sendat( * s);
        s++;
    }
}
```

7.3.4.2 从站通信

(1)风速

```
#include <iom128v.h>
#include <macros.h>
#define fosc 8000000
void usart0_init(unsigned int baud)
{
  DDRE &=~BIT(0);
```

```
    PORTE |=BIT(0);
    DDRE |=BIT(1);
    PORTE |=BIT(1);
    SREG &=~BIT(7);
    UBRR0H = 0;
    UBRR0L = 71;
    UCSR0C = 0X06;
    UCSR0B = 0X98;
    UCSR0A &=~(1<<U2X0);
    SREG |=BIT(7);
}

void usart1_init(unsigned int baud)
{
    DDRD &=~BIT(2);
    PORTD |=BIT(2);
    DDRD |=BIT(3);
    PORTD |=BIT(3);
    SREG &=~BIT(7);
    UBRR1H = 0;
    UBRR1L = 71;
    UCSR1C = 0X06;
    UCSR1B = 0X98;
    UCSR1A &=~(1<<U2X1);
    SREG |=BIT(7);
}
void usart0_sendat(unsigned char data)
{
       while(! (UCSR0A & (1<<UDRE0)));
       UDR0 = data;
}

void usart1_sendat(unsigned char data)
{
```

```
    while(! (UCSR1A & (1<<UDRE1)));
    UDR1 = data;
}
void usart0_SendStr(unsigned char * s)
{
    while( * s)
    {
        usart0_sendat( * s);
        s++;
    }
}
void usart1_SendStr(unsigned char * s)
{
    while( * s)
    {
        usart1_sendat( * s);
        s++;
    }
}
```

(2)结冰

```
#include <iom128v.h>
#include <macros.h>
#define fosc 8000000
void usart0_init(unsigned int baud)
{
   DDRE &=~BIT(0);
   PORTE |=BIT(0);
   DDRE |=BIT(1);
   PORTE |=BIT(1)
   SREG &=~BIT(7);
   UBRR0H = 0;
   UBRR0L = 71;
   UCSR0C = 0X06;
   UCSR0B = 0X98;
```

```
    UCSR0A &=~(1<<U2X0);
    SREG |=BIT(7);
  }
  void usart1_init(unsigned int baud)
  {
    DDRD &=~BIT(2);
    PORTD |=BIT(2);
    DDRD |=BIT(3);
    PORTD |=BIT(3);
    SREG &=~BIT(7);
    UBRR1H = 0;
    UBRR1L = 71;
    UCSR1C = 0X06;
    UCSR1B = 0X98;
    UCSR1A &=~(1<<U2X1);
    SREG |=BIT(7);
  }
  void usart0_sendat(unsigned char data)
  {
while(! (UCSR0A & (1<<UDRE0)));
    UDR0 = data;
  }
  void usart1_sendat(unsigned char data)
  {
while(! (UCSR1A & (1<<UDRE1)));
    UDR1 = data;
  }
  void usart0_SendStr(unsigned char * s)
  {
      while( * s)
      {
          usart0_sendat( * s);
          s++;
      }
```

```
}
void usart1_SendStr(unsigned char *s)
{
    while(*s)
    {
        usart1_sendat(*s);
        s++;
    }
}
```

主要参考文献

[1] 钟阳,王哲人,张肖宁.不平整路面上行驶的车辆对路面随机动压力的分析[J].中国公路学报,1992,5(2):41-43.

[2] 黄晓明.路面动荷载与路面平整度关系的随机分析[J].东南大学学报,1993 23(1):56-61.

[3] 孙璐,邓学均.车辆—路面相互作用产生的动力荷载[J].东南大学学报,1996 26(5):142-145.

[4] 郑京杰,李跃军.汽车对路面作用的随机动荷载分析[J].中南公路工程,1999,24(1):8-10.

[5] 邓学钧.车辆地面结构系统动力学研究[J].东南大学学报(自然科学版),2002,32(3):474-479.

[6] 于清,曹源文.不平整路面上的汽车动荷载[J].重庆交通学院学报,2003,22(4):32-34.

[7] 郭成超,陶向华,王复明.车速和路面不平度特性对车路相互作用的影响[J].华北水利水电学院学报,2004,25(3):42-45.

[8] 姚时音,孙仁云.基于七自由度车辆模型的稳定性仿真研究[J].西华大学学报(自然科学版):2008,27(2):58-61.

[9] 张洪亮,胡长顺.基于五自由度车辆模型的桥头搭板容许纵坡变化值研究[J].土木工程学报,2005,38(6):125-130.

[10] 宋一凡,陈榕峰.基于路面不平整度的车辆振动响应分析方法[J].交通运输工程学报,2007,7(4):39-43.

[11] 郑仲浪,吕彭民.多轴大货车对路面的动作用力研究[J].郑州大学学报(工学版),2009,30(4):44-47.

[12] 张洪亮,杨万桥.基于人—车—路五自由度振动模型的路面平整度评价

方法[J]. 交通运输工程学报,2010,10(4):16-22.

[13] Dennis, J. (1965). Some effects of vibration upon visual performance [J]. Applied Psychology,1965,49(4):245-252.

[14] Seidel, H., Harazin, B., Pavlas, K., et al. (1988). Isolated and combined effects of prolonged exposures to noise and whole-body vibration on hearing, vision and strain[J]. International Archives of Occupational and Environmental Health,1988, 61(1): 95-106.

[15] Bovenzi, M., and Hulshof, C. (1998). An updated review of epidemiologic studies on the relationship between exposure to whole-body vibration and low back pain[J]. Journal of Sound and Vibration,1998,215(4): 595-611.

[16] Schwarze,S.,Notbohm,G.,Dupuis,H., et al. Dose response relationship between whole-body vibration and lumbar disk disease - a field study of 388 drivers of different vehicles[J]. Journal of Sound and Vibration,1998,215(41): 613-628.

[17] Kittusamy, N., and Buchholz, B. (2004). Whole-body vibration and postural stress among operators of construction equipment: A literature review [J]. Journal of Safety Research,2004, 35 (3):255-261.

[18] Hoy, J., Mubrarak, N., Nelson, S.,et al. Whole body vibration and posture as risk factors for low back pain among forklift truck drivers[J]. Journal of Sound and Vibration, 2005,284(3):933-946.

[19] International Organization for Standardization [ISO]. (1997). Mechanical vibration and shock-Evaluation of human exposure to whole-body vibration-Part 1. General requirements. ISO 2631-1 Second Edition 1997-05-01 Geneva.

[20] Dodds C. J. and Robson J. D. The description of road surface roughness [J]. Journal of sound and vibration 1973,31(2):175-183.

[21] Lin T. K. Dynamic response circular plates resting on visco-elastic half space[J]. Applied Mechanics,1978,45(2):379-384.

[22] Todd K. B. and Kulakowski B. T. Simple computer models for predicting ride quality and pavement loading for heavy trucks[J]. Transportation Research Record, 1987: 137-150.

[23] Hunt H E. Modeling of road vehicles for calculation of traffic-induced ground vibration as a random process[J]. Journal of Sound and Vibration, 1991, 44 (1):41-51.

[24] Hunt H E. Stochastic modeling of traffic-induced ground vibration[J]. Journal of Sound and V ibration,1991, 144(1):53-70.

[25] Marcondes J. A. , Snyder, M. B. and Singh, S. P. Predicting acceleration in vehicles through road roughness[J]. Journal of Transportation Engineering, 1992,118(1):33-49.

[26] Watts, G. R. The generation and propagation of vibration in various soils produced by dynamic loading of road pavement[J]. Journal of Sound and Vibration, 1992,156(2): 191-206.

[27] Watts, G. R. and Krylov V. V. Ground-borne vibration generated by vehicles crossing road humps and speed control cushions[J]. Applied Acoustics, 2000,59(3):221-236.

[28] T. D. Gillespie, S. M. Karamihas, Simplified models for truck dynamic response to road inputs[J]. Heavy Vehicle Syst. 2000,7(1):52-63.

[29] P. K. Chatterjee, T. K. Datta, C. S. Surana, Vibration of continuous bridges under moving vehicles[J]. Journal of Sound and Vibration 1994,169(5): 619-632.

[30] M. F. Green, D. Cebon, Dynamic interaction between heavy vehicles and highway bridges[J]. Computers and Structures,1997,62(2):253-264.

[31] S. Lu, X. J. Deng, Prediction vertical dynamic loads caused by vehicle-pavement interaction[J]. Journal of Transportation Engineering, 1998, 124(5): 470-477.

[32] T. L Wang D. Z. Huang, Cable-stayed bridge vibration due to road surface roughness[J]. Journal of Structural Engineering,1992,118(5):1354-1374.

[33] K. Chompooming, M. Yener, The influence of roadway surface irregularities and vehicle deceleration on bridge dynamics using the method of lines[J]. Journal of Sound and Vibration,1995,183(4):567-589.

[34] R. K. Gupta, R. W. Traill-Nash, Bridge dynamic loading due to road surface irregularities and braking of vehicle[J]. Earthquake Engineering and Structural Dynamics,1980, 8(2):83-96.

[35] M. F. Green, D. Cebon, D. J. Cole, Effects of vehicle suspension design on dynamics of highway bridges[J]. Journal of Structural Engineering,1995, 121(2): 272-282.

[36] N. L. Mulcahy, Bridge response with tractor-trailer vehicle loading[J].

Earthquake Engineering and Structural Dynamics,1983,11(5):649-665.

[37] D. Z. Huang, T. L. Huang, M. Shahawy, Impact studies of multi-girder concrete bridges[J]. Journal of StructuralEngineering, 1993, 119(21): 2387-2402.

[38] M. Fafard, M. Savard, M. Bennur, Dynamic analysis of existing continuous bridge[J]. Journal of Bridge Engineering,1998,3(1):28-37.

[39] K. Henchi, M. Fafardm, M. Talbot, G. Dhatt, An efficient algorithm for dynamic analysis of bridges under moving vehicles using a coupled modal and physical components approach[J]. Journal of Sound and Vibration,1998, 212 (4):663-683.

[40] Y. B. Yang, B. H. Lin, Vehicle-bridge interaction analysis by dynamic condensation method[J]. Journal of Structural Engineering, 1995, 121(11): 1636-1643.

[41] Y. B. Yang, J. D. Yau, Vehicle-bridge interaction element for dynamic analysis[J], Journal of Structural Engineering,1997,123(11):1512-1518.

[42] 吴正,彭世古. 特殊地区公路——风沙地区[M]. 北京:人民交通出版社,1993.

[43] ZHENG Chuanchao, HU Peng WANG Yanzhi, et al. ROAD CROSS SECTION DESIGN IN NORTHWESTERN CHINA GRASSLAND[C]. Proceedings of the Eastern Asia Society for Transportation Studies, Bangkok,2005, 6:661-670.

[44] 胡朋,郑传超,徐汉信,等. 牧区道路路基合理断面形式的研究[J]. 公路,2005,(11):69-73.

[45] 胡朋,郑传超. 挡雪防沙结构物风速场分析[J]. 重庆交通学院学报,2005,24(3):63-68.

[46] 郝宇博,张贵平,卢殿清,等. 风吹雪雪害地区不易积雪的合理路基高度研究[J]. 公路交通科技应用技术版,2006,(4):39-41.

[47] 陈策. 泰州大桥的桥区风场特性及抗风稳定性研究[J]. 公路,2008,(4):74-77.

[48] 张伟,葛耀君. H形断面桥梁风致振动的流场机理[J]. 土木工程学报,2009,42(5):90-95.

[49] J. Zhang, E. Cui, G. Fu. Investigation of the flow field and the starting conditions of wind-induced erosion of the railway embankment[J]. Journal of

Wind Engineering and Industrial Aerodynamic,1995,54:573-581.

[50] M. Tsuchiya, T. Tomabechi, and T. Hongo, et al. Wind effects on snowdrift on stepped flat roofs[J]. Journal of Wind Engineering and Industrial Aerodynamics,2002,90(12):1881-1892.

[51] Bao-Shi Shiau, Chuen-Tai Hsieh Wind flow characteristics and Reynolds stress structure around the two-dimensional embankment of trapezoidal shape with different slope gradients[J]. Journal of Wind Engineering and Industrial Aerodynamics, 2002(90): 1645-1656.

[52] 江浩，余卓平. 集装箱半挂车在侧风作用下行驶稳定性分析[J]. 同济大学学报(自然科学版),2001,29(12):1451-1455.

[53] 陈艾荣，王达磊，庞加斌. 跨海长桥风致行车安全研究[J]. 桥梁建设，2006,(3): 1-4.

[54] 庞加斌,王达磊,陈艾荣,等. 桥面侧风对行车安全性影响的概率评价方法[J]. 中国公路学报,2006,19(4):60-64.

[55] 韩万水，陈艾荣. 侧风与桥梁振动对车辆行驶舒适性影响研究[J]. 土木工程学报,2008,41(4): 55-60.

[56] 于群力，陈徐均，江召兵,等.不发生侧滑为指标的跨海大桥安全行车风速分析[J]. 解放军理工大学学报(自然科学版),2008,9(4):373-377.

[57] 海贵春,谷正气,王和毅,等. 侧风对汽车高速行驶性能影响的仿真研究[J]. 解放军理工大学学报(自然科学版),2008, 9(4):40-43.

[58] 王夫亮，傅立敏，胡兴军.不同强度侧风对轿车气动特性影响的瞬态数值模拟研究[J].吉林大学学报工学版 2008,32(增刊 2):19-22.

[59] 周玉财,何仁,陈士安,等.考虑空气力的车辆三自由度转向模型与状态方程[J]. 交通运输工程学报,2009,9(1): 29-34.

[60] Macadam C C. Static Turning Analysis of Vehicles Subject to Externally Applied Forces-A Moment Arm Ratio Formulation[J]. Vehicle System Dynamics,1998,(18): 345-357.

[61] J. Bettle, A. G. L. Holloway, J. E. S. Venart. A computational study of the aerodynamic forces acting on a tractor-trailer vehicle on a bridge in cross-wind[J]. Journal of Wind Engineering and Industrial Aerodynamics2003,(2): 573-592.

[62] Snæbjörnsson J T, Baker C J, Sigbjörnsson R. Probabilistic assessment of road vehicle safety in windy environments[J]. Journal of Wind Engineering

and Industrial Aerodynamics，2007，(95)：1445-1462.

[63] Suren Chen，Feng Chen，Juhua Liu. Mobile mapping technology of wind velocity data along highway for traffic safety evaluation[J]. Transportation Research. Part C;emergency technologies 2010,18(4)：507-518.

[64] M. Sterling，A. D. Quinn，D. M. Hargreaves. A comparison of different methods to evaluate the wind induced forces on a high sided lorry[J]. Journal of Wind Engineering,2010,98(1):10-20.

[65] JTG E60-2008 公路路基路面现场测试规程[S]. 交通运输部公路科学研究院,2019.

[66] 李长城,刘小明,荣建. 不同路面状况对路面摩擦系数影响的试验研究[J]. 公路交通科技,2010,27(12):27-32.

[67] 和松,夏礼秀. 高速公路路面摩擦系数的测试与评价[J]. 公路交通科技,2002,19(1):8-11.

[68] 桂志敬,刘清泉,陈学文,等. 动态摩擦系数测试仪的应用研究[J]. 公路,2005,22(3):39-41.

[69] 王麒麟,田晋跃. 动态路面摩擦系数的分析与测试技术探讨[J]. 公路,2007,(7):140-144.

[70] 苗英豪,曹东伟,任慧,等. 基于动态摩擦系数测试仪的路面抗滑性能评价方法改进[J]. 公路,2010,4:1-4.

[71] 郑木莲,陈拴发,王选仓. 纵向摩擦系数在路面抗滑性能评价中的应用[J]. 长安大学学报(自然科学版),2005,25(4)：9-12.

[72] 苗英豪，曹东伟，任慧，等. 基于动态摩擦系数测试仪的路面抗滑性能评价方法改进[J]. 公路,2010,(4):1-4.

[73] 王正君，雷明臣，丁琳，等. 冰雪路面抗滑性能试验研究[J]. 中外公路,2009,29(2):69-72.

[74] 卢铁瑞. JTC-1 型激光构造深度仪在沥青路面上的应用[J]. 石油沥青,1991,(3):42-45.

[75] 王端宜,李维杰,张肖宁. 用数字图像技术评价和测量沥青路表面构造深度[J]. 华南理工大学学报(自然科学版),2004,32(4):42-45.

[76] 张金喜,刘利花,王利利. 速度和构造深度对水泥混凝土路面摩擦系数的影响[J]. 北京工业大学学报,2009,35(1):48-52.

[77] 周奇,朱乐东,郭振山. 曲线风障对桥面风环境影响的数值模拟[J]. 武汉理工大学学报,2010,32(10):38-44.

[78] S. Charuvisita, K. Kimurab, Y. Fujino, Effects of wind barrier on a vehicle passing in the wake of a bridge tower in cross wind and its response[J]. Journal of Wind Engineering and Industrial Aerodynamics,2004,92:609-639.

[79] 陈晓冬.大跨桥梁侧风行车安全分析[D].上海:同济大学,2007.

[80] 董香婷.风障对桥面风环境影响的数值模拟[D].杭州:浙江大学,2007.

[81] 葛盛昌,蒋富强.兰新铁路强风地区风沙成因及挡风墙防风效果分析[J].铁道工程学报,2009,5:1-4.

[82]FU R,GUO Y S,YUAN W,et al. The correlation between gradients of descending roads and accident rates [J]. Safety Science,2011,49(3):416-423.

[83]肖盈.高速公路交通安全影响因素与对策措施[J].公路,2005,(8):325-327.

[84]孟祥海,侯芹忠,史永义.基于线形指标的山岭重丘区高速公路事故预测模型[J].公路交通科技,2014,31(8):138-143.

[85] JTGD20-2017,公路路线设计规范[S].中交第一公路勘察设计研究院有限公司,2017.

[86]JTG B01-2014,公路工程技术标准[S].交通运输部公路局,2014.

[87]孟祥海,荆林朋,侯芹.高速公路平纵线形与事故率的关系及其安全性评价[J].交通信息与安全,2015,33(4):69-76.

[88] 竺灵杰,柳本民,郭忠印,等.基于心率变化指标的高原公路平曲线试验研究[J].华东交通大学学报,2016.33(6):31-37.

[89] 潘晓东,杨轸,朱照宏.驾驶员心率和血压变动与山区公路曲线半径关系[J].同济大学学报(自然科学版),2005,33(7):900-905.

[90] 童申家,王培.不同海拔、风级影响下的高等级公路圆曲线半径分析[J].公路,2012,(12):61-64.

[91]交通运输部公路科学研究院:2014年中国道路交通安全蓝皮书[M].人民交通出版社,2015.

[92]裴玉龙,邢恩辉.高等级公路纵坡的坡度、坡长限制分析[J].哈尔滨工业大学学报,2005,37(5):629-633.

[93]李大.高速公路连续下坡路段线形指标与视觉特性关系研究[J].公路工程,2017,42(3):90-94.

[94] 张娟,朱文强,陈君.基于车速的公路连续长坡路段纵断面安全性研究[J].西安:建筑科技大学学报(自然科学版),2016,48(4):529-534.

[95]石飞荣,杨少伟,赵永平,等.山区高速公路车辆上坡最大纵坡及坡长限

制[J]. 长安大学学报(自然科学版)，2004,24(5):27-30.

[96]石飞荣，杨少伟. 山区高速公路车辆下行最大纵坡及坡长限制分析[J]. 交通运输工程学报，2001,1(2):68-73.

[97] American Society for Testing and Materials. Terminology Relating to Traveled Surface Characteristics[S]. Annual Book of ASTM Standards,1993,04(3):726-730.

[98] JTJ002-87,公路工程名词术语[S]. 交通运输部公路规划院,1987.

[99] JTG 3450—2019 公路路基路面现场测试规程[S]. 交通运输部公路科学研究院,2019.

[100]JTG F80/1-2017 公路工程质量检验评定标准[S]. 交通运输部公路科学研究院,2017.

[101] 张峰. 公路工程中的平整度评价指标[J]. 公路与汽运，2004 (2): 42-44.

[102] 杨浪萍,吴康雄,方晓丽,等. 数显三米直尺式平整度仪综合精度分析[J]. 长沙交通学院学报，1997,13(2):34-38.

[103] 史剑发，郭景芹. 路面平整度检测仪器——三米直尺的改进[J]. 检测检验，2003(4) : 28-29.

[104] 周晓青,孙立军,颜利. 路面平整度评价发展及趋势[J]. 公路交通科技,2005,22(10):18-22.

[105] 刘云 钱振东. 路面平整度及车辆振动模型的研究综述[J]. 公路交通科技,2008,25(1):52-57.

[106] 于清. 路面平整度与车辆动荷载关系的研究[D]. 重庆:重庆交通学院,2004.

[107] 李广馥，崔功凌，陈页开. 路面平整度测定的 IRI 标定[J]. 沈阳建筑工程学院学报，1998,14(1):32-36.

[108] 蔚晓丹. 国际平整度指数 IRI 作为路面平整度评价指标的研究[J]. 公路交通科技，1999，16(1)：9-13.

[109] 周晓青,孙立军. 国际平整度指数与行驶车速的关系[J]. 同济大学学报(自然科学版)，2005,33(10)：1323-1327.

[110] SUN L. Developing Spectrum based Models for International Roughness Index and Present Serviceability Index[J]. Journal of Transportation Engineering，2001，127 (6)：463-470.

[111] JIANG Y,LI S. Gray System Model for Estimating the Pavement In-

ternational Roughness Index[J]. Journal of Performance of Constructed Facilities, 2005, 19(1): 62-68.

[112] 周晓青，孙立军，颜利. 各国路面平整度验收规范[J]. 中外公路，2006，26(1)：52-56.

[113] 周晓青，孙立军，颜利. 路面平整度评价发展及趋势[J]. 公路交通科技，2005，22 (10):19-22.

[114] 于长喜. 车载式公路平整度检测设备[J]. 华东公路，2006(1)：68-73.

[115] 周晓青，孙立军. 国际平整度指数与行驶车速的关系[J]. 同济大学学报(自然科学版)，2005,33(10):1323-1327.

[116] 吴庆雄，陈宝春，奚灵智. 路面平整度 PSD 和 IRI 评价方法比较[J]. 交通运输工程学报，2008,8(1):36-40.

[117] 张向东，闫维明，葛惠娟，等. 由国际平整度指数模拟路面不平度方法研究[J]. 公路交通科技,2009,26(4):13-16.

[118] GB7031-86. 车辆振动输入路面平度表示方法[S],国家标准局,1986.

[119] 郭兰英,刘小羊,梁波. 路面平整度仪的研究与设计[J]. 西安公路交通大学学报,1997,17(1):103-106.

[120] 郭兰英,刘小羊. XLPY-F 路面平整度仪的研制[J]. 交通与计算机，1999,17(3):9-11.

[121] 马荣贵,宋宏勋,来旭光. 激光路面平整度监测系统[J]. 长安大学学报(自然科学版),2006,26(2):38-41.

[122] 周波,朱先祥,孙文. 车载式颠簸累积仪在路面平整度检测中的应用[J]. 合肥工业大学学报(自然科学版)，2004,27(9):1095-1098.

[123] 刘献栋,邓志党,高峰. 基于逆变换的路面不平度仿真研究[J]. 中国公路学报,2005,18(1):122-126.

[124] 余志生. 汽车理论(第五版)[M] 北京:机械工业出版社 2009.

[125] JTG D50-2017 公路沥青路面设计规范[S]. 中交路桥技术有限公司,2017.

[126] JTGF40-2004 公路沥青路面施工技术规范[S]. 交通运输部公路科学研究院,2004.

[127] JTG/T F30-2015,公路水泥混凝土路面施工技术规范[S]. 交通运输部公路科学研究院,2015.

[128]文斌,曹东伟. 高速公路路面抗滑力与交通事故的统计分析[J]. 公路交通科技,2006,23(8):72-75.

[129] José M. , Pardillo M. and Rafael J. P. An assessment of the skid resistance effect on traffic safety under wet-pavement conditions[J]. Accident Analysis and Prevention,2009,(41):881-886.

[130] 王利利.路面抗滑性能变化特性研究[D].北京:北京工业大学,2008.

[131] 李长城,刘小明,荣建.不同路面状况对路面摩擦系数影响的试验研究[J].公路交通科技,2010,27(12):27-32.

[132] 李杰,张琳琳.实测风场的随机 Fourier 谱研究[J] 防灾减灾工程学报,2004,24(4):363-369.

[133] 谷正气,王和毅,罗荣锋,等.计及风压中心漂移的汽车侧风稳定性研究[J].湖南大学学报(自然科学版),2005,32(3):70-73.

[134]王华,王以伦,张滨华.基于磁致伸缩原理的结冰传感器设计理论[J].电工技术学报,2003,18(6):77-79.